**reinhardt**

D1730004

## PUBLISHING DETAILS

All rights reserved
© 2020 Friedrich Reinhardt Verlag

Project management: Bea Rubin
Writings: Stephan Rüdisühli
Layout: Franziska Scheibler
English translation: Christine O'Neill
Photographs: Franziska Scheibler and
Stephan Rüdisühli (Exceptions according
to photo directory)
ISBN: 978-3-7245-2209-6

www.reinhardt.ch
www.basel25.ch

The Friedrich Reinhardt Verlag is supported
by the Federal Office of Culture with a
structural contribution for the years
2016-2020.

## PHOTO DIRECTORY

Klaus Brodhage, p. 13-15, p. 47
s_bukley / Shutterstock.com, p. 38
lev radin / Shutterstock.com, p. 39
Novartis AG, p. 55
www.baselworld.com, p. 58
www.mch-group.com, p. 59

# BECOMING A GENUINE

# BEBBI

# IN 25

# STEPS

## STEPHAN RÜDISÜHLI

Friedrich Reinhardt Verlag

# BECOMING A GENUINE BEBBI IN 25 STEPS

# 25

Have you lived in Basel for a long time or moved there just recently? Either way, you can ask yourself whether or not you are a genuine Bebbi.

## WHAT IS A BEBBI ANYWAY?

In the 18th and 19th centuries, "Bebbi" was used as a short form of the given name Johann Jakob. As the name was a particular favourite in the city's more affluent circles, the so-called "Daig", it has established itself over the years as the name of the primordial Basler.

Today it is hard to imagine Basel without the term "Bebbi". It forms part of the names of clubs, carnival cliques, events and much more. Even the official trash bag of the canton of Basel-Stadt, the so-called "Bebbi-Sagg", carries the nickname.

Of course, you must meet certain requirements before you can call yourself a true Bebbi, and to help you, we have compiled a list of 25 steps, which can be completed in any order. A checklist is provided to help you tick off all the necessary criteria and, at the end, you will see if you really are a genuine Bebbi.

We wish you lots of fun reading and experiencing the 25 steps.

For more information and instructions on correct pronunciation, please visit www.basel25.ch

"In the 18th and 19th centuries, 'Bebbi' was used as a short form of the given name Johann Jakob."

# BASEL TICKS DIFFERENTLY

Those who live in Basel often hear that "Basel ticks differently". The phrase indicates that Basel wants to set itself apart from the rest of Switzerland and show that here, many things are done differently.

The expression originates from the fact that, at one time, the clocks in Basel used to be an hour ahead of those in the surrounding area. This meant that the people of Basel were always an hour ahead of those in the neighbouring towns. How this difference came about, however, cannot be definitively established. The most widely-known legend is based on the tactical intuition of the keeper of the clock tower of Basel. He is said to have learned just before midnight that besiegers had gathered in front of the city wall to attack the city at the stroke of midnight. As the keeper didn't have enough time to warn the troops, he decided to advance the clock by one hour, thus skipping

> **"As the keeper didn't have enough time to warn the troops, he decided to advance the clock by one hour, thus skipping the midnight chimes."**

the midnight chimes. The besiegers waited in vain for the bell to strike, and the city was able to organise its defences in time. It was a tactical masterstroke and for several hundred years, the clocks of Basel were one hour ahead.

The expression "Basel ticks differently" has survived to this day. But whether it can still be rightly claimed that in Basel the clocks tick differently, you must find out for yourself.

One thing is certain: in some aspects Basel definitely marches to a different tune. While almost all of Switzerland celebrates the national holiday on the first of

August, the festivities in Basel take place a day earlier. The zoo is always called "Zolli", trams are miniaturised and consistently called "Drämmli" and the Basel Carnival happens to be the last big carnival in Switzerland.

Also, Baslers (Basel folk) tick differently by their very nature. They are reserved and don't show off; they tend to be relaxed and don't lose their cool too easily; they are also more cosmopolitan than other inhabitants of Switzerland. International guests and immigrants are always welcome in Basel, not least because of the numerous life sciences companies based there. This situation is reflected in the city's government. Hence there are some Basel people who, because of their location in the border triangle, rather than feeling Swiss, consider themselves citizens of the world. After all, Basel airport is

> **"Basel airport is located in France and the German railway station is on Basel territory."**

located in France and the German railway station is on Basel territory. These are all factors that make Basel definitely tick differently from other places in Switzerland.

Yet while we believe this is definitely the case, Basel may be less different than most Bebbi (as Baslers call themselves) would like to think. But, having said that, you only have to keep your eyes open to notice again and again that Basel does tick differently and you will only pass for a true Bebbi if, in such situations, you simply point that out.

# Checklist

☐ Whenever someone mentions that something works differently in Basel from elsewhere in the world, you must proffer the wise phrase "Basel tickt anders" (Basel ticks differently).

☐ Always look for examples of how Basel ticks differently from other places.

☐ You must be familiar with the origin of the expression.

> **"Hence there are some Basel people who, because of their location in the border triangle, rather than feeling Swiss, consider themselves citizens of the world."**

# SPEAKING
# BASELDYTSCH

If you speak to a Basler, you will soon realise that you hear some words not used in other Swiss cantons. If you want to become a true Bebbi, you must include in your vocabulary certain words that are mandatory for every inhabitant of Basel. But there are also words that are taboo. Anyone who uses one of these will quickly be identified as a non-Basler, so take the time to learn these "Baseldytsch" expressions.

In order to pass for a true Bebbi, your vocabulary must include the following expressions:

**BEBBI**
Basel citizen

**BINGGIS**
Children

**CORTÈGE**
Carnival parade

**DÄÄFELI**
Sweet

**FÄHRIMAA**
Captain of the
Rhine Ferry in Basel

**GLÄPPER**
Slap in the face

**GLÖPFER**
Sausage, Cervelat

**GRÄTTIMAA**
Pastry in the shape of a man

**GUGGE**
Bag or carnival band
("Guggenmusik")

**HAAFEKÄÄS**
Nonsense

**JÄ**
Yes

**JOGGELI**
St. Jakob Stadium

**LÄLLI**
Tongue

Glöpfer

Geleretli

**LARVE**
Mask

**RÄPPLI**
Confetti

**SCHUGGER**
Policeman

**SCHUGGERMYYSLI**
Policewoman

**SCHWÖÖBLI**
Bread roll

**SIIDEBOLLE**
Sweet baby

**TSCHÖSS**
Wow

**ZOLLI**
Zoo

If you use the following expressions, you will score points even with native Baslers. There are only few who know what these words actually mean, and if you add them to your vocabulary, even dyed-in-the-wool Baslers will be surprised.

**GELERETLI**
Pocket watch – comes from the French "Quelle heure est-il?" – "What time is it?"

**VERRISSERLY**
The schnapps after a meal which is supposed to settle the stomach

**GINGGERNILLIS**
Junk

**FAZENEETLI**
Handkerchief

**SAGGLADÄÄRNE**
Pocket torch/flashlight

**BÜGGSE**
Suit

**DILDAPP**
Fool, blockhead

**DITTISTUUBE**
Doll's house

**FANGYYSE**
Wedding ring

Fangyyse

## Checklist

☐ Follow all the linguistic instructions on this double page and you're safe.

## PROHIBITED

Under no circumstances should the words "Cervelat" or "Zoo" be used in Basel. A true Basler always talks about "Glöpfer" and the "Zolli". Moreover, throughout Switzerland it should be noted that the expression "Zolli" is reserved for the Basel Zoo. The Baslers attach particular importance to the use of the correct expressions during carnival time. One speaks of "Larven", "Cortège" and "Räppli". Anyone who talks about masks, processions and confetti has lost any chance of being considered a Bebbi.

# BASEL CARNIVAL

When there is talk in Basel of the three most beautiful days ("drey scheenschte Dääg"), it is clearly a reference to the Carnival. When on Monday morning at 4 a.m., the lights go out everywhere in the city and the drum majors shout "Attention! Morgestraich! Forward, march!", the city of Basel enters a state of emergency that lasts seventy-two hours.

At the Cortège (carnival parade), cliques (carnival groupings) and Guggen (carnival bands) provide musical entertainment. Cliques also portray themes and make fun at local issues. But also Waggis-wagons and carriages are about, and oranges, sweets, mimosa flowers and other small gifts are distributed to children and adults. In addition, tons of Räppli (confetti) are thrown. On Tuesday evening the Carnival belongs to the Guggen, who play music all over Basel. The second Cortège takes place on Wednesday afternoon and night. The three most beautiful days come to an end with the "Endstraich" (end of the Carnival).

> "On Monday at 4 a.m., the lights go out and the drum majors shout 'Attention! Morgestraich! Forward, march!'"

## HIGHLIGHTS

### MONDAY
4 a.m., Morgenstraich (start of the Carnival)
Afternoon: Cortège

### TUESDAY
Afternoon: Children's Cortège
Evening: Guggen-concert Latern exhibition

### WEDNESDAY
Afternoon: Cortège
4 a.m., Endstraich

But beware, as an inexperienced carnival visitor you can easily make a gaffe and you should therefore consider the following. Make sure to buy a "Blaggedde" (carnival badge) and wear it visibly. Without a badge, you are sure to be showered by the Waggis with Räppli rather than thrown some oranges and sweets. However, the badge alone should be your costume, because at the Basel Carnival only the active carnival participants dress up. Spectators – children excepted – do not.

At all times you should take care to keep the way clear for the Cliques and Guggen. Their costumes and masks restrict vision and freedom of movement, which can quickly lead to collisions. Using carnival terminology is very important, so remember never to speak of confetti, masks and processions.

Other than that, there is only one thing to focus on: indulge in the Carnival and enjoy the city during the three most beautiful days, a time that, alas, passes all too quickly.

By the way: the Basel Carnival is part of the UNESCO World Heritage since 2017.

**LEARN THE MOST IMPORTANT CARNIVAL EXPRESSIONS**

### BLAGGEDDE
Badge

### CHAISE
Carriage

### CLIQUE
Carnival grouping

### CORTÈGE
Carnival parade

### DÄÄFELI
Sweet

### DREY SCHEENSCHTE DÄÄG
The three most beautiful days; for many Baslers, these are the three most beautiful days

### DRUMMLER
Drummer

### FRAU FASNACHT
A loving name for the three most beautiful days

### GÄSSLE
Walking through the streets

### GOSCHDYM
Costume

### GUGGE
Group playing music together

### LAARVE
Mask

### PICCOLO
Piccolo flute

### RÄPPLI
Confetti

### TAMBOURMAJOR
Leader of a Clique/Gugge

### WAGGIS
A traditional costume; caricature of an Alsatian peasant

# Checklist

☐ You must know that the Carnival is also called the "three most beautiful days" or "Frau Fasnacht" ("Madam Carnival").

☐ You must have visited the Morgenstraich, Cortège, Guggen-concert and Lantern Exhibition.

☐ You must buy a badge and wear it visibly (unless you want to be showered with Räppli).

☐ You must only use typical Basel Carnival expressions.

☐ You may only dress up if you take an active part in the Basel Carnival.

☐ Under no circumstances should you paint your face, it's frowned upon in Basel!

# FC BASEL
## 1893

Only those been at least once to see FC Basel play at the Joggeli (St. Jakob-Park) may call themselves true Bebbis. Depending on who you ask, it even depends on the sector of the stadium from which you watched the game. The die-hard spectators from the Muttenzer curve believe that you can only be considered a genuine fan if you watched the game from sector D. We do not take such a narrow view: a true fan can be at home in any sector of the stadium. However, it is important that you wear something red-and-blue and jump when you hear the following chorus:

**"WÄR NIT GUMPT, DÄ ISCH KEI BASLER."**

(IF YOU DON'T JUMP, YOU'RE NOT A BASLER).

Moreover, among Basel natives a fundamental dislike of the natives of Zurich can be detected. So, in order not to attract any negative attention, it is important that you also adopt a mocking attitude towards Zurich football. This is most easily done when attending a match against FC Zürich or Grasshoppers Zürich in the stadium. Given the rather mediocre results of the two Zurich clubs in recent times, a mocking attitude should not present much of a problem. However, it is

conveniently forgotten by many Baslers that one of the most successful FCB trainers of all time, Christian Gross, was a native of Zurich.

For a true fan, it is also important to know certain personalities and data about FC Basel. You will find a selection in the following table.

# IMPORTANT DATES AND KEY PERSONNEL

### 15 NOVEMBER 1893
The year, the FC Basel was founded

### 1953
The year in which the championship was won for the first time.

### 2 MAY 1990
Promotion from the former National League B (today's Challenge League) to the National League A (today's Super League). All fans remember the song "Nie mee Nati B" (Never again Nati B).

### SUMMER 2017
If a football club wins the championship 10 times, it receives a star above the club's emblem. By winning the 20th championship in the 2016/2017 season, the FCB received its second star.

### KARLI ODERMATT
In the 60s and 70s he was one of the best midfield players in Switzerland. He became a legend and the chant "Karli none Gool!" ("Karli, another goal") is known and loved by fans to this day.

### MASSIMO CECCARONI
For fifteen years Ceccaroni was a defender with FC Basel. He became a cult figure in Basel, partly because during his entire professional career in the first team of FCB, he never managed to score a goal, not even in the year 2000, when he missed a penalty against GC Zürich and hit the bar with another shot.

### BERNHARD HEUSLER
He was president of FC Basel from 2012 to 2017, shaping one of the most successful periods of the football club. With eight championship titles in a row, he will be remembered by the fans forever.

By the way: did you know that the Swiss Hans Gamper founded FC Barcelona in 1899? In honour of FC Basel, he chose red and blue as the club colours, which explains the similarity between the two clubs.

## Checklist

- [ ] Cheer on FCB.

- [ ] When "Wär nit gumpt, dä isch kei Basler" is being sung, get up from your seat and jump along.

- [ ] You must wear something red and blue. No matter what: a scarf, jersey, hat or whatever.

- [ ] You also have to mock the Zürchers so as not to attract negative attention.

- [ ] If the FCB wins the championship, you must attend the celebration on the Barfüsserplatz.

- [ ] You must know the most important dates and key personnel. You also need to know that the Muttenzer curve is responsible for the great atmosphere in the stadium.

- [ ] You are aware of the "Swiss" connection between FC Basel and FC Barcelona.

# SWIMMING IN THE RHINE

As a true Basler, you must have swum down the Rhine once in your life, and not just any old section, but from the Tinguely Museum to beyond the Johanniterbrücke. The experienced Rhine swimmer meets his friends on the Kleinbasel side near the Mittlere Brücke and walks upstream with them to the Tinguely Museum. Once there, clothes, valuables and mobile phones are stowed away in a roll-up fish ("Wickelfisch") to keep them dry. The roll-up fish is available in all colours and is a must for every Basler. A Rhine swim ("Rheinschwumm") only counts if undertaken with this fashionable accessory. It can even happen that pleasant notes are heard coming from the wrap-up fish of music-loving swimmers. Having stowed all your valuables in the bag, you get into the cool water. Once you are in, all you have to do is relax and let the current carry you along. Drifting past the Fischergalgen (fishing gallows), the cathedral and the many beautiful buildings, you can enjoy a splendid time in the Rhine.

Depending on the water level, the experience may last up to thirty minutes. Having swum under the Johanniterbrücke, you climb out, observed by a leisurely public, to enjoy the hopefully warm summer weather. The almost Mediterranean atmosphere is best savoured by visiting one of the buvettes (small bars) and soaking up the sun, a perfect experience for any Basler.

Please note that you should only swim in the Rhine if you are a competent swimmer. The Rhine is one of the largest rivers in Europe and the power of its current should never be underestimated.

> "The almost Mediterranean atmosphere is best savoured by visiting one of the buvettes (small bars) and soaking up the sun."

## Checklist

- [ ] You should swim at least once from the Tinguely Museum past the Johanniterbrücke.

- [ ] You must own and use a roll-up fish.

- [ ] You should finish the evening on the banks of the Rhine among friends.

### THE ROLL-UP FISH
#### (WICKELFISCH)

Invented in Basel and available in many different colours. The fin is rolled up seven times to keep the contents dry. In summer it is impossible to imagine Basel's cityscape without it.

### EVENT-TIP

The Rhine swim in Basel
The official Rhine swim takes place once a year. If the weather is right, the Rhine shines with the many bright colours of the hundreds or even thousands of swimmers. The event takes place in August, immediately after the school holidays.
If you are in Basel at this time, you shouldn't miss it.

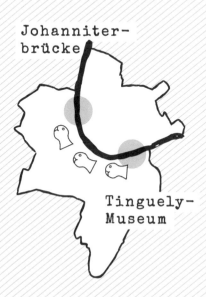

Johanniter-
brücke

Tinguely-
Museum

# 6 PLACES OF INTEREST

Basel brims with sights and attractions. Not only every tourist, but also every Bebbi should definitely see the most important ones.

### ❶ BASEL CATHEDRAL
(BASLER MÜNSTER)
The cathedral is probably the most famous building in Basel. A true Bebbi must walk through the cloister and admire the view from one of the cathedral towers.

### ❷ CITY HALL
(RATHAUS)
With its striking red façade, the City Hall is the seat of Basel's government. A guided tour is definitely worthwhile.

**Spalentor**

**St. Alban-Tor**

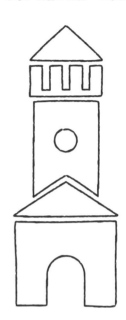

**St. Johanns-Tor**

### ③ THE CITY GATES
(DIE STADTTORE)
The Basel city wall served as a protection for the population until 1860. Originally it had seven gates that served as entrances and exits. Only three of them survived: the Spalentor, the St. Alban-Tor and the St. Johanns-Tor. These listed buildings are certainly worth a visit as they give an insight into times long past.

### ④ ST PAUL'S CHURCH
(PAULUSKIRCHE)
One of the most beautiful churches in Basel. A visit to this church (Swiss Reformed) is easily combined with an excursion to the Schützenmattpark.

### ⑤ OLD TOWN
(ALTSTADT)
Basel's old town is considered one of the most intact and beautiful in Europe. Everyone should stroll through its streets and imagine what life used to be like here.

### ⑥ MITTLERE BRÜCKE

Apart from the cathedral, the Mittlere Brücke is probably the most popular destination and was the first Rhine bridge connecting Kleinbasel and Grossbasel. Also on the Mittlere Brücke is the Käppelijoch which is always worth a visit.

### ⑦ BASEL ZOO
(ZOLLI BASEL)

The Basler Zoo is always a popular destination, that every Basler should have visited at least one.

### ⑧ WATER TOWER
(WASSERTURM)

From the viewing platform of the thirty-six-metre-high water tower on Bruderholz, one enjoys a magnificent view of the entire region.

### ⑨ MARKET HALL
(MARKTHALLE)

The Market Hall is a dome-shaped building originally used for all kinds of market activities. Today it serves as a venue for events and, at its centre, you will find a wide range of streetfood and drinks.

**Elftausendjungfern-Gässlein**
Elftausend Jungfern, begleiteten der Legende nach die hl. Ursula
auf ihrer Pilgerreise von Köln über Basel nach Rom

### ⑩ ST. ALBAN-TAL AND PAPER MUSEUM

The St. Alban-Tal with its historic houses, narrow lanes and St. Alban pond would in themselves justify a visit, but a detour to the Paper Museum rounds off the experience perfectly. All children in Basel visit the Paper Museum at least once during their school years.

### ⑪ LANE OF THE ELEVEN THOUSAND VIRGINS
(RHEINSPRUNG AND ELFTAUSENDJUNGFERN-GÄSSLEIN)

The steep climb from the Schifflände up to Münsterplatz gives a good sense of historic Basel. At the bottom of the hill is the Elftausendjungfern-Gässlein, which leads to Martinskirchplatz. Legend has it that British princess Ursula climbed the sixty-nine steps to St Martin's Church with eleven thousand virgins.

> "Legend has it that British princess Ursula climbed the sixty-nine steps to St Martin's Church with eleven thousand virgins."

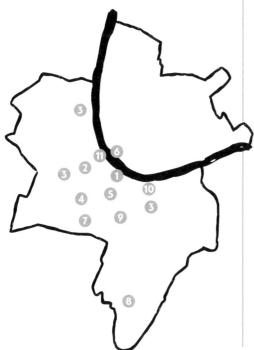

## Checklist

- ☐ You must have been on one of the cathedral towers at least once.

- ☐ You must cross the Mittlere Brücke and admire the Käppelijoch.

- ☐ You must see at least one of the remaining city gates.

- ☐ You must stroll through Basel's old town and try to imagine what it was like in the past.

- ☐ You must climb the Elftausendjungferngässslein and count the steps.

# THE 7 FERRIES

Without the ferries, the stretch of the Rhine through Basel would be almost indistinguishable from other sections of the river. There are four ferries altogether, each with its own character and colours. Until the 19th century only the Mittlere Brücke existed, and no other quick crossing of the river was possible at the time. To change this, the inhabitants of Basel developed, and gradually brought into use, the four ferries. Today they are a popular tourist attraction and it is impossible to imagine the cityscape without them.

## FOUR FERRIES

The names of the four ferries are (in downstream order):

**1 WILD MAN**
(WILD MAA)
Since 1894 – in St. Alban

**2 LION** (LEU)
Since 1877 – at the cathedral;
also called the Cathedral Ferry
(Münsterfähre)

**3 GRIFFIN**
(VOGEL GRYFF)
Since 1862 – at Klingental

**4 UELI**
Since 1895 – in St. Johann

## "AM FÄHRIMAA VERZELLE"

("YOU CAN TELL THAT TO THE FERRYMAN")
Probably one of the most famous ferrymen was Karl Städeli, who published a book called Dr Fährimaa verzellt (The Ferryman Reports). In it, numerous adventures and experiences are related in an original Basel dialect, which is why it quickly developed into a cult book. Today the saying "Öbbis am Fährimaa verzelle" ("tell that to the ferryman") is used colloquially for statements that are considered lies or exaggerations. Next time somebody tells you something that's obvious nonsense, you can say, "Das chasch am Fährimaa go verzelle."

## TECHNICALITIES

Every Basler knows that the ferries have no engines. It is the force of the current that pulls the ferries across the Rhine on a steel cable. The ferryman angles his boat obliquely to the river and uses the power of the water to move across to the other bank.

☐ You must know all four ferries by name and know where to find them.

☐ You must have travelled on each ferry at least once.

☐ A crossing costs CHF 1.60; however, you should hand the ferryman CHF 2 and say, "es isch guet so" ("that's ok") (Note: we are not sponsored by the ferrymen).

☐ You must use the expression "Verzell du das am Fährimaa" ("Tell that to the ferryman").

☐ You understand how a ferry is propelled.

# BASEL'S CULINARY DELIGHTS

There are many Basel specialties, but some are only available at certain times such as the Carnival or the Herbstmesse (Autumn Fair). Here we would like to introduce you to the most important ones that every Bebbi must know and have eaten or drunk at least once.

### LÄGGERLI
The classic Basel gift. This gingerbread-like biscuit is cut into square shapes. It is popular with young and old. As the name Läggerli (little treat) suggests, the biscuit is particularly delicious.

### BEGGESCHMUTZ
A fluffy foamy sugary mixture coated with thin chocolate and sprinkled with coconut flakes. Particularly popular during the Herbstmesse (Autumn Fair).

## MÄSSMOGGE
### (FILLED SWEETS)
A sweet that is a specialty of the Herbstmesse (Autumn Fair). Mässmogge are glazed elongated sweets filled with a hazelnut paste. They differ in taste depending on the colour of the glaze

## BESCHLE-RING
The creamy Beschle-Ring is a classic of the traditional Confiserie Beschle. It is a delicate biscuit with cream and caramelised croquant.

## BRUNSLI
A classic Basel Christmas cookie that owes gets its colour from the dark chocolate.

## MEHLSUPPE
### (FLOUR SOUP)
A dark soup made from roasted flour, usually eaten with grated cheese. This culinary treat is particularly popular during the Carnival season. Should you like to taste the soup any other time and be tempted to prepare it at home, be warned: keep an eye constantly on the roasting flour as it tends to burn quickly, making the soup inedible.

## SUURI LÄÄBERLI
### (SOUR CALF'S LIVER)
A traditional Basel dish that is becoming increasingly rare on restaurant menus. Calf's liver is usually served with Rösti, lamb's lettuce or Spätzli.

## FASNACHTSCHÜECHLI
(CARNIVAL CAKES)

Those expecting a cake upon hearing "Fasnachtschüechli" will be disappointed when first seeing its paper-thin form. The dough of "Fasnachtschüechli", made from eggs mixed with cream and flour, is rolled out as thinly as possible. It is then placed in hot fat and baked until crisp. To finish, the "Fasnachtschüechli" are dusted with icing sugar. As the name suggests, it is popular before and during the Carnival season. As soon as you sample your first "Fasnachtschüechl", you will forget your initial disappointment and love the taste.

## SALM NACH BASLER ART
(SALMON À LA BÂLOISE)

For many this is the most traditional Basel dish of all. Even though salmon are now extinct in the Basel section of the Rhine, the dish is still offered today. Prepared with roasted onions, it is usually served with boiled potatoes.

## HYPOKRAS

Hypokras, a cold drink, is made of varieties of red and white wine mixed with sugar, lemon peel and various spices. It is usually served with Läckerli. Traditionally, Hypokras is drunk at New Year.

## SUNNEREEDLI UND FASTENWÄHE
(SUN WHEELS, LENTEN QUICHE)

Two pastries that look very alike. With a shape rather like a pretzel, the Sun Wheels and Lenten Quiches are buttery pastries sprinkled with caraway seeds. They are different in that the "Sunnereedli" are smaller and harder and are sometimes served with aperitifs. The "Fastenwähen" are slightly larger, much softer and are often eaten for breakfast or as a snack.

## Checklist

☐ You must be able to list all the specialities presented on this page and have eaten or drunk them at least once.

☐ You must have cooked your own Mehlsuppe.

## ONION AND CHEESE QUICHE
(ZWIEBEL- UND KÄSEWÄHE)
Two popular types of quiche that are often eaten around Carnival time. They go very well with Mehlsuppe.

## UNSER BIER
(OUR BEER)
The brewery "Unser Bier" (our Beer) is in the Gundeldinger Neighbourhood, also the largest Brewery of the city, brewing Beer since the 1990's.

## UELI-BIER
The Unser Bier brewery in the Gundeldinger district is the largest brewery in the city and has been brewing local beers since the mid-1990s.

# BASEL
# AUTUMN FAIR

When children's eyes shine brightly in autumn, it is time for the Autumn Fair. It is the largest fair in Switzerland.

The tradition of the Autumn Fair goes back to the Middle Ages. In order to make the city more attractive again after it had been hit by an economic crisis, it was decided that a trade fair should be organised. But for this, Basel needed the permission of the German Emperor Friedrich III. After a long wait, on 11 July 1471, the emperor gave the Bebbi permission to hold an independent fair. The Autumn Fair, the oldest fair in Switzerland, takes place annually ever since.

Every year the Fair is announced by the "Mässglöggli" (little Mass bell) from the tower of St Martin's church at 12 o'clock sharp on the last Saturday before 30 October. At this chime, all the market stalls and fun rides open. Over fourteen days, visitors can admire the handicrafts, take the various fun rides, participate in games or simply enjoy the atmosphere. But the Autumn Fair also offers many culinary highlights: Glöpfer (a type of sausage), Chäschüechli (cheese tartlets), Beggeschmütz, Mässmoggen, Magenbrot (a soft type of gingerbread biscuit), roasted almonds and Rahmdääfeli (caramel candy) are particularly popular.

## Checklist

☐ You must visit the Autumn Fair and enjoy the unique atmosphere.

☐ You must taste the most important specialities of the Fair.

☐ You must know that the Basel Autumn Fair is the oldest fair in Switzerland.

☐ You must know that the first ride at the Autumn Fair is free for everyone.

☐ You must know that the Autumn Fair on Petersplatz, around "Hääfelimäärt", lasts two extra days.

The Autumn Fair takes place at different locations throughout the city centre:

### MESSEPLATZ
(WITH ROSENTALANLAGE AND MESSEHALLEN)
The centre of the Fair with numerous rides and food stalls.

### BARFÜSSERPLATZ
Smaller square with many rides and food stalls.

### MÜNSTERPLATZ
Various food stalls and, visible from everywhere, the giant Ferris wheel providing magnificent views over Basel.

### PETERSPLATZ
Various food stalls, traditional carousel and the "Hääfelimäärt" (market with craft pottery and crockery). On Petersplatz, the Autumn Fair lasts two extra days.

### KASERNE (BARRACKS)
Lots of crazy fun rides. First port of call for adrenaline junkies.

By the way: for the first few minutes after the Fair has been opened by the bell of St Martin's church, all fun rides are free. Due to the large number of visitors, however, you need to be very lucky to catch one of these free rides.

# 1 AUGUST IN BASEL

1 August is Switzerland's national holiday. While almost all of Switzerland celebrates the birthday of the Confederation on the actual day, the city of Basel decided to hold the celebrations a day earlier: because Basel ticks differently. Or it is, perhaps, because the Baslers would rather sleep in after the big party and use 1 August to recover.

**"The climax of the festivities is the fireworks display, which takes place at 11 p.m."**

The festivities in Basel start around 5 p.m. Various food and drink stalls are set up in the city centre and on both sides of the river, where visitors can stock up on delicacies. On the banks of the Rhine itself, guests are entertained with live music.

The climax of the festivities is the fireworks display, which takes place at 11 p.m. If the weather is fine, usually more than 100 000 people come to enjoy the spectacle. That's why it's worth reserving a seat early if you want a clear view of the night sky.

Every Bebbi knows that the fireworks are set off from two ships. These are gravel ships

**"1 August is Switzerland's national holiday. While almost all of Switzerland celebrates the birthday of the Confederation on the actual day, the city of Basel decided to hold the celebrations a day earlier."**

## Checklist

☐ You must know that
Basel celebrates
a day earlier.

☐ You must have seen
the fireworks display.

☐ You know that the
fireworks are launched
from two ships, one
on either side of the
Mittlere Brücke.

☐ You must know
that on 1st August,
the official federal
holiday is celebrated
on the Bruderholz.

named "Schwägalp" and "Kiesueli", from which several hundred kilos of fireworks are launched. The "Schwägalp" is positioned between Wettsteinbrücke and Mittlere Brücke, while the "Kiesueli" is moored further downstream, between the Mittlere Brücke and the Johanniterbrücke. The spectacle is over in less than twenty minutes.

Yet Basel doesn't tick completely differently as Switzerland's birthday is also celebrated on 1 August. There are further festive activities on Bruderholz, where, apart from speeches and music, another fireworks display is launched.

# BARBECUING AT THE BIRSKÖPFLI

As soon as summer approaches, many sun-seekers are drawn to the Birsköpfli. This local recreation area lies where the Birs flows into the Rhine.

The Birsköpfli is divided into a Basler and a Birsfelder side. There is no agreement as to which side is more beautiful: it always depends on whether you ask a Birsfelder or a Basler. In fact, each side has its advantages. While the Baslers argue for their side with the small stony beach and the "Veranda Pellicano", the Birsfelder see their spreading green area and the large playground as powerful counterarguments.

Fortunately, it does not really matter. The two are connected by a pedestrian bridge, the Birskopfsteg, which makes it easy to move from one side to the other. The reconstructed bridge was reopened in 2012.

"You must experience the beautiful, summery atmosphere in which, in the company of friends, time simply flies."

Regular visitors bring picnic blankets, beach towels and a grill to the Birsköpfli. Of course, they also include sufficient drink, preferably in a cool box, and plenty of food for barbecuing. As smoke rises everywhere from the grills, you will discover that you are not alone. You must experi-

ence the beautiful, summery atmosphere in which, in the company of friends, time simply flies. In the evening, the charcoal from the grills is discarded in containers specially positioned for this purpose. A Bebbi always leaves a place clean.

By the way: the small stony beach on the Basel side is perfect for cooling down. But beware: the water of the Birs tends to be one or two degrees cooler than the water of the Rhine, and bathers are automatically pulled in the direction of the warmer Rhine whose current must not be underestimated. That's why it is important to be careful, especially with children.

## Checklist

☐ You have barbecued at the Birsköpfli at least once.

☐ You know that at the Birsköpfli, the Birs flows into the Rhine.

☐ You cool off in the Birs by the stony beach.

☐ You leave the Birsköpfli as clean as you found it.

# COAT OF ARMS AND HERALDIC ANIMAL

### THE BASEL STAFF
(BASELSTAB)

The coat of arms of Basel, the Basel Staff, was originally the emblem of the Bishop of Basel. The red crooked staff, symbolising the shepherd's staff, was adopted by the city and dyed black. From then on, it served as the official coat of arms.

The canton was split in the 19th century, leading to the creation of the two half-cantons Basel-Stadt and Basel-Landschaft. The city retained for its arms the black, left-facing Basel staff while the canton of Baselland decided to create its own twin. It changed the colour back to red, turned the staff to the right and gave it a seven-pointed crest. However, it continues to be referred to as the Basel staff.

By the way: due to the influence of the diocese of Basel, there are some towns in the Basel region that also bear a Basel staff in their coat of arms, for example Laufen, Delémont and Liestal. There is also a Basel staff in the coat of arms of the canton of Jura.

Many mistakenly refer to the coat of arms as the "Baslerstab". A true Bebbi knows that it is called "Baselstab".

To this day the Basel staff is omnipresent in the city, be it on buildings, flags, fountains or many other places. One of the most famous bearers of the coat of arms is the basilisk.

## Checklist

- [ ] You know it's a "Baselstab", not a "Baslerstab".

- [ ] You know that the Basel staff had its origin in a shepherd's crook.

- [ ] You know that the Basel staff is also found on other coats of arms.

- [ ] You know that a basilisk is half cockerel, half serpent.

- [ ] You know that according to legend, a basilisk lived under the Gerberbrunnen.

## BASILISK

Numerous myths exist around the basilisk. A Basel legend has it that an old hen laid an egg on a dung heap; a serpent wrapped itself around it and with the serpent's heat, the egg hatched. From it emerged a dragon-like hybrid creature that was half cockerel, half serpent. With its gaze or breath alone, it was able to kill people.

How the basilisk developed into a heraldic animal is not clearly known, however. The most famous legend recounts that a basilisk lived in a cave beneath a fountain today called Gerberbrunnen. When the defective fountain was being repaired in the 10th century, the basilisk was discovered. This is how Basel got its name and heraldic animal. The legend is engraved on the Gerberbrunnen.

Other legends claim that the name of the town came first and that the basilisk was made the heraldic animal only because its name was so fitting: Basel, Basilea, basilisk.

One way or the other, today the Bebbi are proud of their basilisk and couldn't imagine Basel without the dragon-like creature. The basilisk is among the main characteristics of the city, with the most impressive examples by the Wettsteinbrücke. But elsewhere, too, they can be found, especially on the many fountains where the basilisk, Basel staff on his breast, proudly poses on the rim, spouting water into the middle of the basin. At the base of the fountains, there is a drinking bowl for dogs.

# FAMOUS PERSONALITIES

Many famous personalities hail from Basel or its region, or they have lived there for a long time. A true Bebbi must know a few of these important, world-renowned individuals.

## JACQUES HERZOG UND PIERRE DE MEURON
(BOTH B. 1950)

With their architectural practice Herzog and de Meuron enjoy a worldwide reputation. Their most important buildings in Basel include the Roche Tower, the new Trade Fair Building, the St. Jakob-Park and the Vitra Haus. Their buildings are found all over the world, for example the National Stadium in Beijing (Bird's Nest) or the Elbe Philharmonic Hall in Hamburg.

## ARTHUR COHN (B. 1927)
Film producer who grew up in Basel and who has won several Oscars with his films.

## JEAN TINGUELY
(1925–1991)

Swiss painter and sculptor who has shaped Basel's art scene like no other. The Tinguely Museum opened five years after his death.

## Checklist

☐ You know the most famous personalities of Basel.

☐ You have visited the "Walk of Fame" in Basel at least once.

### ALBERT HOFMANN
(1906–2008)
A chemist who conducted research in Basel between 1929 and 1971. He discovered the hallucinogenic effect of LSD based on his world-famous self-experiments.

### FRIEDRICH NIETZSCHE
(1844–1900)
The world-famous philosopher worked in Basel as a professor of classical philology. During this time, he published his greatest work Die Geburt der Tragödie aus dem Geiste der Musik (The Birth of Tragedy from the Spirit of Music).

### ROGER FEDERER (B. 1981)
Born in Basel and raised in Münchenstein, he is one of the most successful tennis players of all time.

Of course, this is only a small selection of famous Basel personalities. Many of these people were made "Ehrespale-bärglemer", the Sperber-Kollegium's tribute to personalities from Basel. It honours them with inscribed plaques embedded in the cobblestones of the Spalen-berg. Colloquially referred to as Basel's "Walk of Fame", this pedestrianised area is always worth a visit.

# CHRISTMAS MARKET

**14**

The Christmas market in Basel is considered one of the largest and most beautiful in Switzerland. From the end of November until shortly before Christmas, the Barfüsserplatz and Münsterplatz exude a festive atmosphere.

On Barfüsserplatz the first thing that catches the eye is the huge Christmas pyramid, an enormous illuminated stand in which there is a stall for mulled wine and other beverages. Needless to say, a true Bebbi must first consume a glass of mulled wine (or a non-alcoholic alternative). Thus fortified, you can stroll through the market to view and buy the numerous products on sale.

> "The Münsterplatz, sparkling in a sea of light. A fairy-tale forest is created where children can try out various handicraft activities."

A total of 180 dealers and craftsmen in small chalets offer a wide variety of goods. Should you be behind with your Christmas presents, a visit is definitely worthwhile.

The Münsterplatz, sparkling in a sea of light, can best be enjoyed from one of the cathedral towers.

A special focus is the huge Christmas tree, which always stands in the middle of the square, and every year, a fairy-tale forest is created where children can try out various handicraft activities. Between making candles, Christmas decorations or minting coins, there is something for everyone.

Finally, you should make a detour to the City Hall (Rathaus) where a Wish Book is displayed in the inner courtyard. In it, Baslers as well as visitors to the city may note down their wishes and, who knows, they may come true.

## Checklist

- ☐ You must visit the Christmas market

- ☐ You must drink a glass of mulled wine (or a non-alcoholic alternative) at the Christmas pyramid.

- ☐ Write down a wish in the Basel Wish Book.

- ☐ Visit the fairy-tale forest on the Münsterplatz.

41

# 15 ART IN BASEL

Basel is considered the cultural capital of Switzerland. Every year during Art Basel, the city is on high alert, attracting artists and visitors from all over the world. But also during the rest of the year, art is present everywhere. No matter where you are, you're constantly encountering it and able to admire it free of charge. A selection of the most important public works of art that a Bebbi must see can easily be found in one day.

**"Basel is considered the cultural capital of Switzerland."**

### INTERSECTION
Richard Serra's artwork "Intersection" is located at Theaterplatz. The massive steel construction dominates the square (but, unfortunately, it is often used as a urinal at night).

### GÄNSELIESEL
A wall painting by Samuel Buri can be seen at the Rheinsprung.

### LIEU DIT
At the Heuwaage, the sculpture of Basel artist Michael Grossert cannot be missed due to its bright colours.

### GRAFFITO
The most famous graffiti in Basel is at Gerbergässlein, opposite the "L'Unique" rock bar. There, numerous famous musicians are immortalised.

### CARNIVAL FOUNTAIN
(FASNACHTS-BRUNNEN)
A stone's throw away from the Intersection sculpture is the Fasnachts-Brunnen created by Jean Tinguely. Mechanical sculptures, some of which were constructed from pieces of the former stage set of the Stadttheater, show typical Tinguely water fountain features. The fountain is particularly impressive in cold weather when the water freezes as it falls, and magical forms emerge.

### AMAZON WITH HORSE
At the Schifflände, directly in front of the Mittlere Brücke, stands a sculpture by Basel artist Carl Burckhardt. It is entitled "Amazon leading a horse".

### HELVETIA ON HER TRAVELS
Helvetia sits pensively on the Kleinbasel side and looks out over the Rhine. This artwork is by Bettina Eichin.

### PICASSO
Pablo Picasso's sculpture "L'homme aux bras écartés" stands on Picassoplatz.

### HAMMERING MAN
American artist Jonathan Borofsky's "Hammering Man", hammering in an endless loop, is on Aeschenplatz. This work of Borofsky's is not unique to Basel but can be found all over the world.

In addition to viewing public art, a visit to Basel's museums is recommended. The first places to see are the Museum of Art and its new building as well as the Tinguely Museum and the Fondation Beyeler in Riehen. The other museums in the city are also worth a visit anytime.

## Checklist

☐ You must have seen the artworks listed here.

☐ You must have visited the Kunstmuseum, the Tinguely Museum and the Fondation Beyeler in Riehen.

# 16 LÄLLE-KÖNIG

As you walk through Basel, again and again you will come across the Lällekönig: a disembodied head with its tongue sticking out. Hence the name, because the word "Lälli" is a Basel word for the tongue, which you may remember encountering in the first chapter, in connection with special Basel expressions. The first Lällekönig was set on the Rhine Gate (Rheintor) in the 17th century. Historians are not sure of its significance, but it seems likely to represent the head of a traitor impaled on a pole by the Rhine. Of course, it could also be that the head is merely a joke and that there is no deeper meaning behind the Lällekönig.

For Grossbaslers, however, its meaning is clear. The Lällekönig represents the counterpart to the "Wilde Maa" (Wild Man). For the "Wilde Maa" impertinently positions himself on Vogel Gryff Day with his backside always to the bigger Basel, without so much as a look at the "better" district.

"He always sticks out his tongue at Kleinbasel to show his contempt for the lower part of the city."

The Lällekönig is there to give the appropriate answer: he always sticks out his tongue at Kleinbasel to show his contempt for the lower part of the city. This origin tale of the Lällekönig is not proven historically; yet the story is passed from Bebbi to Bebbi, and by now, it has developed into a kind of urban legend.

"The Lällekönig represents the counterpart to the 'Wilde Maa' (Wild Man)."

## Checklist

- [ ] You must know the locations of all the Lällekönige and visit them.

- [ ] You must tell as many people as possible the "legend" that the Lällekönig sticks out his tongue in the direction of Kleinbasel.

- [ ] You must stick out your tongue at Kleinbasel at least once.

The three most important Lällekönige that can still be found today are all on house façades. The two best-known are at Schifflände 1, near the former restaurant Lällekönig. One of them is particularly popular with children as it is equipped with a mechanism that allows it to move its eyes and tongue. By clockwork, this Lällekönig stretches out his tongue in the direction of Kleinbasel exactly four times per minute. The third, less well-known Lällekönig is in Sattelgasse, high up just below the roof of the restaurant Gifthüttli.

"One of them is particularly popular with children as it is equipped with a mechanism that allows it to move its eyes and tongue. By clockwork, this Lällekönig stretches out his tongue in the direction of Kleinbasel."

# VOGEL GRYFF DAY

The Vogel Gryff Day is the most important event in Kleinbasel and, after the Carnival, the most important event in the city of Basel. But the occasion has absolutely nothing to do with the Carnival.

**"During the raft trip, the 'Wilde Maa' keeps facing Kleinbasel, like a conductor turning to his orchestra. He is accompanied by drummers and gunners firing thunderous salutes."**

Beginning at the Fischergalgen on Grenzacherstrasse at 10.30 a.m., the "Wilde Maa" (Wild Man) drifts down the Rhine on his raft. He is accompanied by drummers and gunners firing thunderous salutes. During the raft trip, the "Wilde Maa" keeps facing Kleinbasel, like a conductor turning to his orchestra. As you have learned in the chapter on the Lällekönig, the Grossbasler point of view is that the "Wilde Maa" consciously turns his backside towards the larger city district to express his dislike. The people of Kleinbasel, however, think that the "better" Basel simply takes itself too seriously. Not everything revolves around Grossbasel.

At the end of the raft trip, immediately past the Mittlere Brücke, the Gryff and the "Leu" (Lion) welcome the "Wilde Maa" and they dance together through Kleinbasel. The most important stops during the parade are the traditional dance in front of the orphanage and the "Gryffemähli", where members of the honorary societies gather for a banquet.

The "Wilde Maa", the "Leu" and the Vogel Gryff are the symbolic figures of the three ancient societies of Kleinbasel: the Rebhaus, the Hären and the Greifen. The origin of the custom dates back to the 15th century, when military conscripts were mustered every year.

## Checklist

- [ ] You must know the "Wilde Maa", the "Leu" and the Vogel Gryff.

- [ ] You must know that the "Wilde Maa" never faces Grossbasel and only turns his backside in that direction.

- [ ] You must have been at the Vogel Gryff.

- [ ] You must know that the Vogel Gryff has nothing whatsoever to do with the Carnival.

> **"The tradition has survived to this day and it is the principal holiday in Kleinbasel."**

The inspection was always followed by a parade in which the symbolic figures took part. The tradition has survived to this day and it is the principal holiday in Kleinbasel. Nowadays the procession is accompanied by "Uelis", who collect money for charitable causes. The money is donated to a fundraising commission which supports people in need in Kleinbasel in the form of food and vouchers.

By the way: the Vogel Gryff takes place on either 13, 20 or 27 January rotating over three years. Each year a different honorary society presides over the event: the Rebhaus when it falls on the 13th, the Hären when it falls on the 20th and the Greifen when it falls on the 27th. If the date happens to be a Sunday, the event is brought forward to Saturday.

# SQUARES, STREETS, BRIDGES AND PARKS

The Bebbi have a habit of talking about "their" streets, squares, parks and bridges as if everyone in the world knew them. In order to share in the conversation, it is therefore important to know these places and where they are in the city.

Where applicable, you will find in parentheses the colloquial name of the respective location.

> "The Bebbi have a habit of talking about 'their' streets, squares, bridges and parks as if everyone in the world knew them."

## SQUARES

### ① PFALZ
Viewing point behind the cathedral with views of the Rhine and Kleinbasel; in the evening a popular place with young people.

### ② BANKVEREIN
The tram station at the intersection of Aeschenvorstadt and St. Alban-Graben is called Bankverein. In 1997 the Bankverein merged with the Schweizerische Bankgesellschaft to become UBS. Colloquially, however, the entire square is called Bankverein or Bankplatz.

### ❸ AESCHENPLATZ

One of the most important traffic junctions in Basel. You always have to be careful not to be overlooked by one of the many road users

### ❹ MÜNSTERPLATZ

One of the oldest squares in Basel, it owes its name to the Cathedral. Completely covered with cobblestones, the square is a favourite spot during the Autumn Fair.

### ❺ ROSENTALANLAGE

Small gravelled court near the Messe Basel (exhibition centre). Particularly popular during the Autumn Fair and site of the performances of Circus Knie.

### ❻ PETERSPLATZ

The square in front of the University of Basel, which is often used for flea markets but also for the Autumn Fair.

### ❼ MESSEPLATZ

Location of all the important trade fairs in Basel. With new architecture, the exhibition halls and the square were reopened in 2013. As it happens, the first Badische Bahnhof (train station) was located here.

### ❽ SCHIFFLÄNDE

Basel's oldest harbour complex is on the Grossbasel side near the Mittlere Brücke. Here you will find the Trois Rois Hotel as well as a station of the Basel passenger navigation.

### ❾ BARFÜSSERPLATZ
(BARFI)

City centre and popular meeting place before an evening out.

### ❿ MARKTPLATZ

Central square. Site of the City Hall and famous for regular markets.

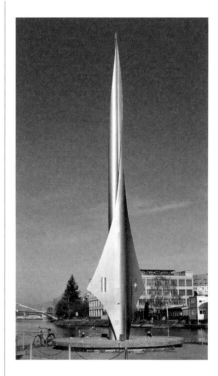

### ⑪ DREILÄNDERECK
(HAFEBEGGI ZWEI)

Not a real square, but an important place in Basel. Meeting point of three countries (Germany, France, Switzerland), languages and cultures. The border point is marked by a pylon in the Rhine port of Kleinhüningen.

### ⑫ CLARAPLATZ

Located in the centre of Kleinbasel, it got its name from the St Clara Church.

# STREETS

### FREIE STRASSE
(FREIE)

Basel's shopping mile;
only partially lives up to
its reputation today as many
of its shops are gone.

### SPALENBERG
(SPALEBÄRG)

Famous for its old town,
boutiques and small shops.
Moreover, important Basel
personalities receive an inscribed
plaque on the "Walk of Fame"
on Spalenberg and henceforth
may be referred to as
"Ehrespalebärglemer".

### STEINENVORSTADT
(STEINE)

Basel's party mile in
Grossbasel was originally known
for its many cinemas. Today,
the streets are known
for their numerous bars.

### UFERSTRASSE

Close to the harbour and
especially in summer, it is
a popular place for lovers of
all things unconventional,
music enthusiasts and
those who enjoy beautiful
sunsets.

### KLOSTERBERG

Small hill within Basel.
Once a year the multicultural
Klosterbergfest is held
for the benefit of Brazilien
children in need.

### RHEINGASSE
(RHYGASS)

Up-and-coming bar and
cultural scene (Basel's party
mile in Kleinbasel).

### CLARASTRASSE

Formerly an attractive shopping
street, today it is the problem
child of Kleinbasel.

# BRIDGES

Basel has a total of five
bridges across the Rhine.
They are listed below following
the flow of the river.

### SCHWARZWALD-BRÜCKE

The newest and busiest
bridge across the Rhine in
Basel. Via this bridge the
A2 leads to and from Germany
and France. Adjacent to it
is the railway bridge,
which connects the Badischer
Bahnhof and the SBB railway
station.

### WETTSTEINBRÜCKE

Basel's second oldest bridge.

### MITTLERE RHEINBRÜCKE

Basel's oldest bridge. The bridge
has been closed to private motor
vehicles since 2015. Originally
built in wood, it was simply called
the Rhine bridge. This was
replaced by a stone construction
in 1905. It was then decided to
rename it "Mittlere Brücke", an
obvious name as the bridge was
located between Wettstein- and
Johanniterbrücke.

### JOHANNITERBRÜCKE
Third oldest bridge in Basel.

### DREIROSENBRÜCKE
Second most recent bridge in Basel. It lies furthest downstream and is thus the last Swiss bridge across the Rhine.

### DREILÄNDERBRÜCKE
Reserved for cyclists and pedestrians, the Dreiländerbrücke (also called Europabrücke) is not in Switzerland at all. It connects the German town of Weil am Rhein with the French town of Huninge in Alsace.

The power station at Birsfelden could be considered another Rhine crossing as it connects the Basel and Birsfeld sides of the Rhine. However, it is not a bridge in the true sense of the word.

## PARKS

### KANNENFELDPARK
Largest park in Basel.

### SCHÜTZENMATTPARK
(SCHÜTZENMATTE)
A beautiful and family-friendly park with a playground and café during the day; unfortunately, it is also a place where shady figures tend to hang out at night.

### TIERPARK LANGE ERLEN
(D'LANGE ERLE)
Popular park for families and sports enthusiasts on the border with Germany.

### ELISABETHENANLAGE
Popular park near the SBB railway station.

## Checklist

☐ You must know all the places listed above and have visited them at least once.

☐ Where applicable, you must use the colloquial names.

# FACTS AND FIGURES

A true Bebbi knows the most important facts and figures of Basel. It should be noted that the figures refer either to the city of Basel or to the canton of Basel-Stadt. The canton of Basel-Stadt is divided into three municipalities: Basel (Stadt), Riehen and Bettingen. The city is therefore part of the canton and is the capital of the canton.

**BASILEA**
The Latin name of the city of Basel.

**120 BC**
First Celtic settlement on the left bank of the Rhine at Voltaplatz.

**374**
First mention of the name Basilia (Basel).

**1356**
BASEL EARTHQUAKE
The most powerful earthquake in the history of Basel, which destroyed many buildings in the region. It was equivalent to level 6 to 7 on the Richter scale.

**1501**
Basel is incorporated into the Swiss Confederation.

**1833**
Divided into the two half-cantons Basel-Stadt and Basel-Landschaft.

**1986**
CHEMICAL ACCIDENT
On the night of 1 November, a big fire raged in the industrial area of Schweizerhalle and the inhabitants were rudely woken by sirens. Happening less than half a year after the Chernobyl reactor disaster, the fear was great. Though people could breathe a sigh of relief shortly afterwards, the fish could not as water used for the firefighting was contaminated with chemicals. It flowed into the Rhine and led to a fish-kill far into Germany.

**19**
Number of residential areas in the city of Basel.

**200 000**
Number of inhabitants of the canton of Basel-Stadt including the municipalities of Riehen and Bettingen (2019).

**522 M**
Highest point in the canton of Basel-Stadt (St Chrischona church in Bettingen)

**GUNDELDINGEN**
The most populous district.

**36%**
Percentage of foreigners in the canton of Basel-Stadt.

**GERMANS**
Largest foreign population group in the canton.

## Checklist

☐ You know how many people live in Basel.

☐ You know the most important dates in the history of Basel.

☐ You know when the two half-cantons of Baselland and Basel-Stadt were founded.

# BUILDINGS OF BASEL

Along with the numerous historical buildings in Basel, there are several modern buildings that a Bebbi should have seen. In most cases, they are the headquarters of famous companies. The trend in Basel is to grow upwards: the newer the building, the taller it is. The beauty of these buildings is a matter of opinion, but it is clear that they greatly change the character of the city. Of course, true Bebbis are always critical of any change to their beloved Basel.

### BIS-BOTTA BUILDING

At Aeschenplatz there is a striking building by Mario Botta, the star architect from Ticino. It houses additional offices of the BIS.

### ROCHE-TOWER 1

Until Roche-Tower 2 is completed, this remains the tallest building in Switzerland and the headquarters of the Hoffmann-La Roche pharmaceutical group. It was designed by Herzog & de Meuron.

### TRADE FAIR BUILDING
(MESSEBAU)

2013 saw the opening of the new Trade Fair Building, the headquarters of MCH Swiss Exhibition (Basel) Ltd. Called "Window to Heaven" by its architects Herzog & de Meuron, the circular opening above the Exhibition Square is particularly striking.

### BALOISE-TOWER/ BALOISE-PARK

Basel architects Miller & Maranta designed the high-rise building in the Baloise Park, making it the tallest building in the area. It houses offices of the Baloise Group as well as the Hotel Mövenpick.

## TRADE FAIR TOWER
### (MESSETURM)

Before the construction of the Roche-Tower, the Trade Fair Tower was the tallest habitable building in Basel. There is a beautiful view from the bar on the top floor.

## BIS-TOWER

This high-rise building at Centralbahnplatz is the headquarters of the Bank for International Settlements (BIS).

## MERET-OPPENHEIM TOWER

Completed in 2019, the Meret-Oppenheim Tower is located in the Gundeldingerquartier next to the SBB railway station. The building contains both office and residential spaces. Here again, the architects were Herzog & de Meuron.

## ST CHRISCHONA TV TOWER

At 250 m, the St Chrischona TV tower is the highest free-standing structure in Switzerland. On a clear day, the must-see view is breathtaking. Swisscom, the operator of the TV tower, offers guided tours at dizzying heights.

## NOVARTIS CAMPUS

The headquarters of Novartis AG is located on the Novartis Campus. Situated here are various buildings by renowned architects, Frank Gehry, Renzo Piano, David Chipperfield and Tadao Ando are just a few of the well-known names. A guided tour allows you to admire these buildings up close.

## TINGUELY MUSEUM

The Tinguely Museum not only contains art but is a work of art in itself. The concept is that of architect Mario Botta.

## ACTELION

The headquarters of the biopharmaceutical company Actelion are a little outside of Basel, in the community of Allschwil. The striking building was designed by architects Herzog & de Meuron.

## Checklist

- [ ] You must know all the buildings and their respective company owners.

- [ ] You must have visited the St Chrischona TV tower.

- [ ] As a true Bebbi, you are critical of changes in the cityscape.

# BASEL TRAMS

Trams, or "Drämmli", as the Baslers affectionately call them, were originally introduced as a link between Centralbahnhof and Badischer Bahnhof. The first trams rolled through Basel in 1895, connecting the two railway stations.

Nowadays the trams are an indispensable means of public transport. The squeaking of the tracks that can be heard from afar and the unmistakable ringing of the trams as they set off, evoke in all a sense of home. The "Drämmli" are, and remain, close to the heart of every Bebbi. Today the "Drämmli" of the Basler Verkehrsvertriebe (BVB) are all painted green. The yellow trams, which also drive through the city centre, come from the neighbouring canton and belong to the Baselland Transport AG (BLT). If you count the numbers of all the active tram lines up to number 21, you will notice that there are some gaps. Operating daily are the green lines 1, 2, 3, 6, 8, 14, 15, 16, 21 and the yellow lines 10, 11, 17.

> "One thing is certain, however: a line with the unlucky number 13 never existed."

Actually, a separate book would be required to explain why the missing lines no longer exist. Various reasons led to these lines being withdrawn from service. One of them was that some of the lines ran parallel to existing lines. One thing is certain, however: a line with the unlucky number 13 never existed.

By the way, line 19 enjoys special status. Many Baslers might claim that this line does not exist. But a true Bebbi knows that it has been in operation since 1880. However, this Drämmli" is not painted green, but white and red. It is the Waldenburgerbahn (WB) in the canton of Basel-Landschaft, which connects the municipality

## Checklist

☐ You must talk about the "Drämmli", not the tram.

☐ You must ride the "Dante Schuggi" at least once.

☐ You must know about tram line 19 and that it is the oldest.

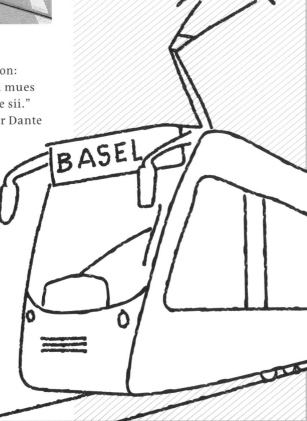

BASEL

of Waldenburg with the cantonal capital Liestal. Thus, the oldest of all the tram lines is not line 1 (1895), but line 19. This is something every Bebbi should know.

### AUNT SCHUGGI
(DANTE SCHUGGI)

However, Basel's most popular tram still needs no number at all: the "Dante Schuggi" (Aunt Schuggi). This old lady was built before the First World War and is still in use today. The vintage tram is a restaurant car which may be hired and which accommodates up to thirty people and even more if a trailer-carriage is added.

Hence the expression: "Mit dr Dante Schuggi mues jede Bebbi mol gfahre sii." (Everyone must ride "dr Dante Schuggi" once.)

# BASEL CITY
# OF TRADE FAIRS

Basel enjoys an international reputation as a great city for trade fairs. From a historical point of view, this is definitely true, even if in recent years the trade fairs have lost a little of their glamour.

## BASELWORLD

The annual trade fair of the watch and jewellery industry invites all well-known manufacturers and makers to Basel. In recent years, however, the fair has suffered a decline in the number of exhibitors, which means that Baselworld continues to lose importance in the industry.

## ART BASEL

Art Basel presents art from the 20th and 21st centuries and in the international art market is regarded the most important trade fair worldwide. Artists, art collectors and many celebrities from the cultural scene meet in Basel over those days. The entire city becomes a unique cultural hotspot, and anybody interested in art will get their money's worth. In addition, international superstars who visit the city at this time may be spotted here and there during the Art Basel.

## MUBA BASEL

The Mustermesse Basel (Muba) was the first and hence oldest consumer fair in Switzerland. Since its inception in 1917, exhibitors from all sectors of the Swiss economy have been offering their products to visitors. The Muba was regarded the "mother of all fairs" and it inspired numerous other fairs in Switzerland. With its 103rd staging in 2019, it was held for the last time. The interests and purchasing behaviour of the population have changed so much that the fair will not be continued.

## SWISSBAU

Swissbau is one of the largest construction and real estate fairs in Europe. It takes place every two years and attracts numerous exhibitors and visitors from the sector.

## BASEL AUTUMN GOODS FAIR
### (BASLER HERBSTWARENMESSE)

The Basel Autumn Goods Fair suffered the same fate as the Muba. In autumn 2018 it was decided that after 91 years, it would not be continued. This means that another part of the Basel trade fair tradition has died out, which every true Bebbi naturally regrets.

## Checklist

☐ You must visit the Art Basel once.

☐ You must visit the Baselworld.

☐ You must know about the Muba and Basel Autumn Goods Fair, even though they no longer exist (and when they are spoken about, you must indicate that you regret their passing).

# HOUSES OF TRADITION

**23**

The number of traditional Basel establishments is large, but every Bebbi must know the most important and popular ones.

### GIFTHÜTTLI
### (POISON HUT)

A traditional Basel restaurant that owes its name to an innkeeper who had served beer there in the 19th century. At that time, any beer that was not drunk at the brewery where it was produced was pure poison for Baslers.

### ZUM BRAUNEN MUTZ

The Braune Mutz (Brown Bear) is located on Barfüsserplatz. You will meet ur-Baslers of all ages in this rustic establishment with its beer hall, bar and restaurant.

### BRASSERIE
### CAFÉ SPITZ

Directly on the Rhine on the Kleinbasel side, this traditional restaurant invites its guests to enjoy fine food and wine. The beautiful sun terrace with its view of the river is particularly recommended.

### GRAND CAFÉ
### HUGUENIN

Barfüsserplatz would be incomplete without Grand Café Huguenin, and every Bebbi must have eaten or drunk something in this traditional restaurant. There is a modern café-bar on the ground floor, and on the upper floor, an elegant Viennese café for visitors to enjoy.

## Checklist

- [ ] You must know all the houses of long-standing tradition listed above.

- [ ] You must eat or drink something in each house.

### LES TROIS ROIS GRAND HOTEL

This traditional luxury hotel is located on the banks of the Rhine in the immediate vicinity of the Mittlere Brücke. The origin of the name is not clear. Today's building dates from the 19th century. The hotel still exudes the sumptuous atmosphere of its time.
If the wallet permits it, the two restaurants, the Brasserie and the Cheval Blanc, are always worth a visit.

On the façade of the hotel there are three royal statues. Before the Carnival, these are costumed as "Waggis" and every year, this tradition attracts many visitors who want to watch them being dressed up

### ATLANTIS

In the 1950s, when the Atlantis was located at Steinentorstrasse, it was known for its numerous terrariums. Giant snakes, some of which were in the tables under glass, were always close to the guests. Shortly after, the Atlantis established itself as the most popular jazz club. In the 1960s it moved to its present location on the Klosterberg and later developed into a rock restaurant. Today it functions primarily as a restaurant and bar.

### CONFISERIE ZUM RATHAUS SCHIESSER

This traditional confectionery is located on Basel's Marktplatz, in the heart of the city. In the "Tea-Room" and the "Rothstübli" on the first floor, guests can enjoy sweet and savoury delicacies.

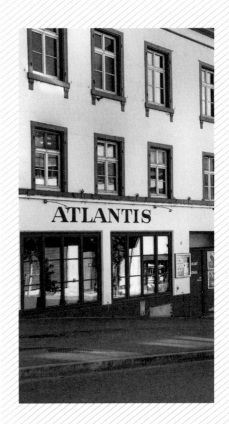

# THIS AND THAT

In addition to the historical specifics mentioned above, there are other things in Basel that a true Bebbi must know about, though it is difficult to categorise them under a single heading.

### BASLER DAIG
(BASEL DOUGH)

"Basler Daig" is the name given to the upper class of the city of Basel. It is a social group that considers itself very much apart from the rest of the population, both middle and lower classes as well as from the newly rich. Today, however, the power of the "Daig" is no longer so pronounced. The most frequent names are Burckhardt and Vischer.

Those belonging to the "Daig" become immediately recognisable as they also spell their name when introducing themselves. So, if someone introduces themselves as Burckhardt with CK DT, or Vischer with a V, then you know immediately that you have just met a member of the "Daig".

### ZÜNFTE (GUILDS)

A guild is an association of craftsmen and businessmen which exists to protect common interests. In the Middle Ages, guilds preserved professional monopolies and offered protection against foreign competition. Many active guilds remain in Basel. They cultivate local traditions and contribute to the city's attractiveness. To this day, however, only men are allowed to join.

### BALOISE SESSION

The Baloise Session is an annual indoor music festival that brings world-famous stars to Basel. Usually most of the tickets are sold out shortly after the line-up has been announced.

"Though a Bebbi would hate to admit it, he sometimes looks enviously towards Zurich where he sees a beautiful lake."

## Checklist

☐ You must know what the "Daig" is.

☐ You know the significance of the "Basler Dybli".

☐ You must see the inside of a fishing gallows.

☐ You must attend a concert at the Baloise Session.

☐ You would never admit that Basel might be missing something.

## BASLER DYBLI
(BASEL DOVE)

The "Basler Dybli" is the first and only stamp issued by the Canton of Basel-Stadt in 1845. It was the world's first multi-coloured postage stamp. For collectors, it is one of the most sought-after and valuable Swiss stamps.

## FISCHERGALGEN
(FISHING GALLOWS)

If you walk along the Rhine, again and again you will come across small fishermen's cottages on wooden stilts on the shore. These are called fishing gallows and from them, fishermen used to cast their nets.

This is rarely seen today. At times, the fishing gallows in the St.-Alban quarter were even used as overnight accommodation. It is impossible to imagine Basel's cityscape without them.

## IS THERE ANYTHING THAT BASEL PEOPLE MISS?

Though a Bebbi would hate to admit it, he sometimes looks enviously towards Zurich where he sees a beautiful lake. The Rhine certainly is a wonderful river that is perfect for cooling off in summer but, probably, nobody in Basel would object to having a lake.

# FEEL 25 AT EASE

The 25th and final point is clearly different from all previous ones, because you cannot simply tick it off. Still, it is the most important point by far.
It doesn't matter whether you attended the Carnival with a Blaggedde or were engrossed in a football match cheering for the FCB. It doesn't matter whether you have memorised all the Basel expressions or swum down the Rhine with your own roll-up fish. No matter what you told the ferryman or whether you ate Mässmögge at the Carnival, there is one thing that is more important that anything:

**MAKE YOURSELF AT HOME IN BASEL**

And even if you don't yet feel at home there, don't worry, it will come. Perhaps, in a few years" time, you will think back to this book, when, on a beautiful summer evening, you will be sitting by the Rhine simply happy to be there and realising that now, you are at home.

"Feel at ease
in Basel
and be thankful
that this
wonderful city
is your home."

**reinhardt**

Cortège

- Gerberbrunnen
- Picasso Platz
(Pfalz)
- Walk of Fame im Spalenberg
(- Klosterberg (Elisabethenk.?)
- Baloise Park?
- Actelion !

## IMPRESSUM

Alle Rechte vorbehalten
© 2020 Friedrich Reinhardt Verlag

Projektleitung: Bea Rubin
Texte: Stephan Rüdisühli
Layout: Franziska Scheibler
Englische Übersetzung: Christine O'Neill
Korrektorat: Dominique Thommen
Fotografien: Franziska Scheibler und
Stephan Rüdisühli (Ausnahmen gemäss
Abbildungsverzeichnis)
ISBN: 978-3-7245-2209-6

www.reinhardt.ch
www.basel25.ch

Der Friedrich Reinhardt Verlag wird vom
Bundesamt für Kultur mit einem Struktur-
beitrag für die Jahre 2016-2020 unterstützt.

## ABBILDUNGSVERZEICHNIS

Klaus Brodhage S. 13-15, S. 47
s_bukley/Shutterstock.com, S. 38
lev radin/Shutterstock.com, S. 39
Novartis AG, S. 55
www.baselworld.com, S. 58
www.mch-group.com, S. 59

# IN 25 SCHRITTEN ZUM WASCHECHTEN BEBBI

STEPHAN RÜDISÜHLI

Friedrich Reinhardt Verlag

# IN 25
## SCHRITTEN
## ZUM
## WASCHECHTEN
## BEBBI

# 25

Du wohnst schon lange in Basel oder bist erst vor Kurzem hierher gezogen? Dann kannst du dir die Frage stellen: Bist du ein waschechter Bebbi oder nicht?

## WAS IST EIN BEBBI ÜBERHAUPT?

«Bebbi» wurde im 18. und 19. Jahrhundert als Kurz- und Rufname für den Namen Johann Jakob verwendet. Da der Name besonders in den reicheren Kreisen, dem sogenannten «Daig», stark vertreten war, hat er sich über die Jahre als Bezeichnung eines Ur-Baslers oder einer Ur-Baslerin etabliert. Heutzutage ist der Begriff aus Basel nicht mehr wegzudenken.

Bebbi ist Bestandteil der Namen von Vereinen, von Fasnachtscliquen, von Veranstaltungen und vielem mehr. Aber auch der offizielle Abfallsack des Kantons Basel-Stadt, der sogenannte Bebbi Sagg, ist ein Träger dieses Spitznamens.

Damit du dich als richtigen Bebbi bezeichnen kannst, musst du natürlich gewisse Voraussetzungen mitbringen: Wir haben sie für dich in 25 Schritten zusammengestellt, die in beliebiger Reihenfolge erledigt werden können. Mithilfe einer Checkliste kannst du abhaken, ob du alle Kriterien erfüllst, und am Ende wird sich zeigen, ob du tatsächlich ein waschechter Bebbi bist.

Wir wünschen dir viel Spass beim Lesen und Erleben der 25 Schritte.

Viele weitere Informationen und Hinweise zur korrekten Aussprache findest du auf www.basel25.ch

«‹Bebbi› wurde im 18. und 19. Jahrhundert als Kurz- und Rufname für den Namen Johann Jakob verwendet.»

# 1 BASEL TICKT ANDERS

Wer in Basel lebt, der hört immer wieder den Ausdruck «Basel tickt anders». Damit möchte sich Basel klar von der restlichen Schweiz abheben und zeigen, dass hier einiges anders gemacht wird als an anderen Orten.

Ursprünglich stammt der Ausdruck daher, dass in Basel die Uhren früher gegenüber dem Umland tatsächlich eine Stunde vorausgingen. Somit waren die Basler den umliegenden Orten stets um eine Stunde voraus. Wieso es aber zu dieser Differenz gekommen war, kann nicht eindeutig geklärt werden. Die am weitesten verbreitete Legende basiert auf einer taktischen Eingebung des Turmwärters von Basel. Kurz vor Mitternacht habe dieser erfahren, dass sich Belagerer vor der Stadtmauer versammelt hätten, um beim Glockenschlag um Mitternacht die Stadt anzugreifen. Dem Turmwärter blieb nicht mehr

**«Dem Turmwärter blieb nicht mehr genug Zeit, um die Truppen zu warnen, weshalb er sich dazu entschloss, die Uhr um eine Stunde vorzustellen.»**

genug Zeit, um die Truppen zu warnen, weshalb er sich dazu entschloss, die Uhr um eine Stunde vorzustellen und somit den Mitternachtsschlag zu überspringen. Die Belagerer warteten vergeblich auf den Glockenschlag und die Stadt konnte ihre Verteidigung rechtzeitig in Stellung bringen. Eine taktische Meisterleistung, die zur Folge hatte, dass die Uhren in Basel anschliessend mehrere hundert Jahre vorausgingen. Der Ausdruck hat sich aber bis heute gehalten. Doch ob er auch heute noch seine Berechtigung hat und ob in Basel die Uhren tatsächlich immer noch anders ticken, muss jeder für sich selber herausfinden.

Fest steht: Es gibt gewisse Punkte, bei denen Basel tatsächlich aus der Reihe tanzt. Während beinahe die gesamte Schweiz den Nationalfeiertag am 1. August feiert, findet das Fest in Basel bereits einen Tag früher statt. Der Zoo wird konsequent als Zolli bezeichnet, Trams werden verniedlicht und heissen ausschliesslich Drämmli. Und auch die Basler Fasnacht ist immer die letzte grosse Fasnacht der Schweiz.

Auch vom Wesen her ticken Basler anders. Basler sind zurückhaltend und protzen nicht. Sie sind in der Regel auch entspannt und lassen sich nicht so schnell aus der Ruhe bringen. Zudem verstehen sich Basler weltoffener als andere Einwohner der Schweiz. Internationale Gäste und ausländische Zuwanderer, u.a. auch aufgrund der zahlreichen Life-Sciences-Firmen, sind in Basel jederzeit willkommen.

Die Regierung widerspiegelt diese Situation. Und somit gibt es tatsächlich auch Basler, die sich nicht zwingend als Schweizer fühlen, sondern sich aufgrund der Lage im Dreiländereck eher als Weltbürger betrachten. Denn auch der Basler Flughafen befindet sich in Frankreich und der Deutsche Bahnhof steht auf Basler Boden. Alles Aspekte, die Basel definitiv anders ticken lassen als andere Orte.

Wir finden: Basel tickt tatsächlich anders als andere Schweizer Städte, aber wahrscheinlich nicht so ausgeprägt, wie die meisten Bebbi dies glauben. Man muss lediglich die Augen offenhalten, dann fällt einem das immer wieder auf. Und als richtiger Bebbi gilt man erst dann, wenn man in solchen Situationen neunmalklug darauf hinweist, dass Basel halt eben anders tickt.

«Basler verstehen sich weltoffener als andere Einwohner der Schweiz. Internationale Gäste und ausländische Zuwanderer sind in Basel jederzeit willkommen.»

## Checkliste

☐ Immer wenn jemand erwähnt, dass etwas in Basel anders läuft als anderswo auf der Welt, dann musst du den weisen Spruch «Basel tickt anders» zum Besten geben.

☐ Achte stets darauf, ob Basel anders tickt als andere Orte.

☐ Du musst die Ursprungslegende des Ausdrucks kennen.

# BASELDYTSCH SPRECHEN

Wer mit einem Basler spricht, dem wird schnell klar, dass dieser einige Wörter benutzt, die in anderen Schweizer Kantonen nicht verwendet werden. Wer ein richtiger Bebbi werden will, muss gewisse Wörter in den eigenen Wortschatz aufnehmen, die Pflicht für jeden Bewohner Basels sind. Allerdings gibt es auch diverse Wörter, die in Basel tabu sind. Wer ein solches verwendet, outet sich innerhalb kürzester Zeit als Nicht-Basler. Also gib dir Mühe und lerne die Baseldeutschen Begriffe.

Die folgenden Ausdrücke musst du in deinem Wortschatz verinnerlicht haben, um als waschechter Bebbi zu gelten:

**BEBBI**
Basler Bürger

**BINGGIS**
Kinder

**CORTÈGE**
Fasnachtsumzug

**DÄÄFELI**
Bonbon

**FÄHRIMAA**
Kapitän der
Basler Rheinfähre

**GLÄPPER**
Ohrfeige

**GLÖPFER**
Wurst, Cervelat

**GRÄTTIMAA**
Grittibänz, Teigmann (Gebäck)

**GUGGE**
Tüte oder
Fasnachtsgruppierung
(Guggenmusik)

**HAAFEKÄÄS**
Schwachsinn

**JÄ**
Ja

**JOGGELI**
Stadion St. Jakob

**LÄLLI**
Zunge

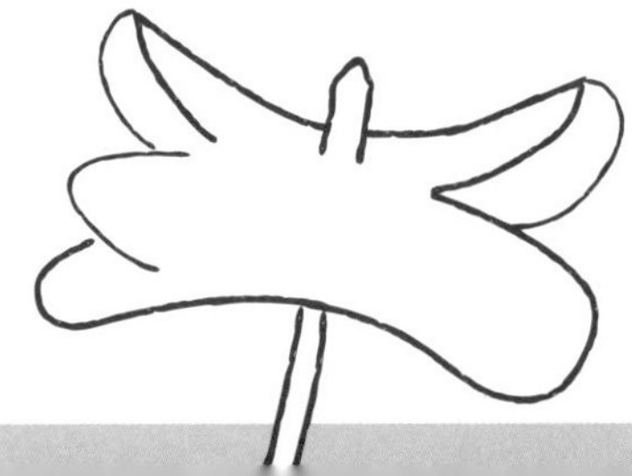

Glöpfer

Geleretli

**LARVE**
Maske

**RÄPPLI**
Konfetti

**SCHUGGER**
Polizist

**SCHUGGERMYYSLI**
Polizistin

**SCHWÖÖBLI**
Weggli, Semmel

**SIIDEBOLLE**
Süsses Baby

**TSCHÖSS**
Wow

**ZOLLI**
Zoo

Wenn du folgende Ausdrücke verwendest, dann punktest du sogar bei gebürtigen Baslern. Es gibt nur wenige, die überhaupt wissen, was mit diesen Wörtern eigentlich gemeint ist. Bau sie in deinen Wortschatz ein und selbst eingefleischte (Möchtegern-)Basler werden überrascht sein.

**GELERETLI**
Taschenuhr – Stammt vom französischen «Quelle heure est-il? – Wie viel Uhr ist cs?»

**VERRISSERLI**
Der Schnaps nach dem Essen, der den Bauch wieder frei machen soll

**GINGGERNILLIS**
Kram

**FAZENEETLI**
Taschentuch

**SAGGLADÄÄRNE**
Taschenlampe

**BÜGGSE**
Anzug

**DILDAPP**
Depp, Dummkopf

**DITTISTUUBE**
Spielzeughaus

**FANGYYSE**
Ehering

Fangyyse

# Checkliste

☐ Befolge alle sprach-lichen Anweisungen dieser Doppelseite und du bist auf der sicheren Seite.

# VERBOTEN

Auf keinen Fall dürfen in Basel die Wörter «Cervelat» oder «Zoo» verwendet werden. Ein richtiger Basler redet in jedem Fall von «Glöpfer» und «Zolli». Beim Ausdruck Zolli sollte zudem schweizweit klar sein, dass es sich um das Basler Pendant handelt, denn nur in Basel wird der Zoo als Zolli bezeichnet. Besonde-ren Wert legen die Basler zudem auf die korrekten Ausdrücke während der Fasnacht. Wer während der Fasnacht von Masken, Umzü-gen und Konfetti spricht, der hat jegliche Chance verspielt, um als Bebbi wahrgenommen zu werden. Man spricht von Larven, Cortège und Räppli.

# BASLER FASNACHT

Ist in Basel von den drei schönsten Tagen («drey scheenschte Dääg») die Rede, dann ist ganz klar die Basler Fasnacht gemeint. Wenn am Montagmorgen um 4 Uhr überall in Basel die Lichter ausgehen und die Tambourmajore die Worte «Achtung! Morgestraich! Vorwärts, marsch!» rufen, dann befindet sich die Stadt Basel während 72 Stunden in einem Ausnahmezustand.

Am Cortège sorgen Cliquen und Guggen für musikalische Unterhaltung. Cliquen spielen zudem Sujets (= Thema/Motto) aus und machen sich über lokale Begebenheiten lustig. Aber auch Waggis-Wagen und Chaisen sind unterwegs, die an Kinder und Erwachsene Orangen, Dääfeli, Mimösli und weitere kleine Geschenke verteilen. Zudem werden tonnenweise Räppli geworfen. Am Dienstagabend gehört die Fasnacht den Guggen, die überall verteilt in Basel musizieren. Am Mittwochnachmittag findet der zweite Cortège statt und in der Nacht auf Donnerstag gehen die drei schönsten Tage mit dem Endstreich zu Ende.

> «Achtung!
> Morgestraich!
> Vorwärts,
> marsch!»

## HÖHEPUNKTE

### MONTAG

4 Uhr, Morgenstreich
Nachmittag:Cortège

### DIENSTAG

Nachmittag: Kinderfasnacht
Abend: Guggenkonzert,
Laternenausstellung

### MITTWOCH

Nachmittag: Cortège
4 Uhr nachts, Endstreich
(Ende der Fasnacht)

Um Fettnäpfchen zu vermeiden, solltest du folgende Punkte beachten: Kauf dir auf jeden Fall eine «Blaggedde» (=Fasnachtsplakette) und trag sie gut sichtbar an deiner Kleidung. Denn ohne Plakette kannst d sicher sein, dass dir die Waggis keine Orangen und Dääfeli zuwerfen, sondern dich eher mit Räppli überschütten werden. Allerdings sollte die Plakette die einzige Kostümierung bleiben, denn verkleidet sind an der Basler Fasnacht nur die aktiven Fasnächtler. Zuschauer – Kinder ausgenommen – sind nicht verkleidet.

Zudem solltest du jederzeit darauf achten, dass du den Cliquen und Guggen den Weg freihältst. Durch die Kostüme und Larven sind die Sicht und Bewegungsfreiheit eingeschränkt, was schnell zu Zusammenstössen führen kann. Ganz wichtig ist es, dass man die fasnächtlichen Begriffe verwendet und unter keinen Umständen von Konfetti, Masken und Umzügen spricht.

Ansonsten steht nur etwas im Fokus: Gib dich der Fasnacht hin und geniess die Stadt während der drei schönsten Tage. Eine Zeit, die leider viel zu schnell vorbeigeht.

Übrigens: Die Basler Fasnacht ist seit 2017 UNESCO-Weltkulturerbe.

**LERNE DIE WICHTIGSTEN FASNACHTS-AUSDRÜCKE**

**BLAGGEDDE**
Plakette, Abzeichen

**CHAISE**
Kutsche

**CLIQUE**
Fasnachtsgruppierung

**CORTÈGE**
Fasnachtsumzug

**DÄÄFELI**
Bonbon

**DREY SCHEENSCHTE DÄÄG**
Die drei schönsten Tage, für viele Basler sind es die schönsten Tage des Jahres

**DRUMMLER**
Trommler

**FRAU FASNACHT**
Liebevolle Bezeichnung der schönsten drei Tage

**GÄSSLE**
Durch die Strassen ziehen

**GOSCHDYM**
Kostüm

**GUGGE**
Gruppe, die gemeinsam musiziert

**LAARVE**
Maske

**PICCOLO**
Piccoloflöte

**RÄPPLI**
Konfetti

**TAMBOURMAJOR**
Anführer einer Clique/Gugge

**WAGGIS**
Eine traditionelle Verkleidung; Karikatur eines elsässischen Bauern

# Checkliste

☐ Du musst wissen, dass die Fasnacht auch als die «drei schönsten Tage» oder als «Frau Fasnacht» bezeichnet wird.

☐ Du musst Morgenstreich, Cortège, Guggenkonzert und Laternenausstellung besucht haben.

☐ Du musst eine Plakette kaufen und sie auch sichtbar tragen (ausser du willst mit Räppli überhäuft werden).

☐ Du solltest unbedingt immer die typischen Ausdrücke zur Basler Fasnacht verwenden.

☐ Du darfst dich nur verkleiden, wenn du auch aktiv an der Basler Fasnacht teilnimmst.

☐ Du darfst dir auf keinen Fall das Gesicht schminken, das ist in Basel verpönt!

# FC BASEL 1893

Nur wer mindestens einmal im Joggeli (St. Jakob-Park) war und ein Spiel des FC Basel besucht hat, der darf sich als echten Bebbi bezeichnen. Je nachdem, wen man fragt, kommt es sogar darauf an, in welchem Sektor des Stadions man das Spiel geschaut hat. Die eingefleischten Zuschauer aus der Muttenzerkurve finden, dass man nur als waschechter Fan gilt, wenn man das Spiel aus diesem Sektor D verfolgt hat. Wir sehen die Sache nicht so eng. Ein echter Fan kann in jedem Sektor des Stadions zu Hause sein.

Wichtig ist jedoch, dass du etwas Rotblaues trägst und mithüpfst, wenn du folgenden Sprechchor hörst:

### «WÄR NIT GUMPT, DÄ ISCH KEI BASLER.»

(WER NICHT HÜPFT, DER IST KEIN BASLER.)

Zudem ist bei einem Basler eine grundlegende Abneigung gegenüber dem Zürcher zu erkennen. Deshalb ist es wichtig, dass du ebenfalls eine spöttische Haltung gegenüber dem Zürcher Fussball einnimmst, um zwischen den restlichen Baslern nicht negativ aufzufallen. Am einfachsten geht das natürlich, wenn man ein Spiel gegen den FC Zürich oder die Grasshoppers Zürich im Stadion mitverfolgt. Aufgrund der eher mässigen Saisonergebnisse der beiden Zürcher Clubs in der

letzten Zeit, sollte eine spöttische Haltung nicht weiter problematisch sein. Jedoch wird die Tatsache, dass einer der erfolgreichsten FCB-Trainer aller Zeiten, Christian Gross, ein Zürcher war, von vielen Baslern gerne vergessen.

Als waschechter Fan ist es ausserdem wichtig, dass man gewisse Persönlichkeiten und Daten zum FC Basel 1893 kennt. Eine Auswahl findest du in der nachfolgenden Tabelle.

# WICHTIGE ECKDATEN UND PERSÖNLICHKEITEN

### 15. NOVEMBER 1893
Gründung des FC Basel 1893

### 1953
Das Jahr, in dem erstmals die Meisterschaft gewonnen wurde.

### 2. MAI 1990
Der Aufstieg von der damaligen Nationalliga B (heute Challenge League) in die Nationalliga A (heute Super League). Allen Anhängern ist zudem der Gesang «Nie mee Nati B» (Nie mehr Nati B) in Erinnerung geblieben.

### SOMMER 2017
Beim Gewinn der zehnten Meisterschaft erhält ein Fussballclub einen Stern über dem Vereinswappen. Mit dem Gewinn der 20. Meisterschaft in der Saison 2016/2017 hat der FCB den zweiten Stern erhalten.

### KARLI ODERMATT
In den 60er- und 70er-Jahren gehörte er zu den besten Mittelfeldspielern der Schweiz und dominierte mit dem FCB die Schweizer Meisterschaft. Er wurde zur Legende und der Gesang «Karli none Gool!» (Karli noch ein Tor) ist bei allen Fans heute noch bekannt und beliebt.

### MASSIMO CECCARONI
Er war fünfzehn Jahre als Verteidiger beim FCB aktiv. Ceccaroni avancierte zur Kultfigur, unter anderem weil er während seiner gesamten Profikarriere in der 1. Mannschaft des FC Basel nie ein Tor erzielen konnte. Selbst im Jahr 2000 nicht, als er gegen GC Zürich einen Elfmeter erst verschossen und den folgenden Nachschuss an die Unterlatte gesetzt hat.

### BERNHARD HEUSLER
Er war von 2012 bis 2017 Präsident des FC Basel und hat damit eine der erfolgreichsten Perioden des Fussballclubs geprägt. Mit acht Meistertiteln in Folge bleibt er bei den Fans ewig in Erinnerung.

Übrigens: Wusstest du, dass der Schweizer Hans Gamper 1899 den FC Barcelona gründete? Zu Ehren des FC Basel wählte er als Clubfarben Rot und Blau, wodurch die Ähnlichkeit beider Vereine zu erklären ist.

## Checkliste

- [ ] Fiebere mit dem FCB mit.

- [ ] Wenn gesungen wird «Wär nit gumpt, dä isch kei Basler», dann musst du dich von deinem Sitz erheben und mithüpfen.

- [ ] Du musst unbedingt etwas Rotblaues tragen. Egal, ob Schal, Trikot, Mütze oder etwas anderes.

- [ ] Du musst ebenfalls Zürcher verspotten, um nicht negativ aufzufallen.

- [ ] Beim Titelgewinn musst du unbedingt die Meisterfeier auf dem Barfüsserplatz besuchen.

- [ ] Du musst die wichtigsten Eckdaten und Persönlichkeiten kennen. Ausserdem musst du wissen, dass die Muttenzerkurve für die tolle Stimmung im Stadion verantwortlich ist.

- [ ] Du kennst die «schweizerische» Verbindung vom FC Basel zum FC Barcelona.

# RHEIN-SCHWIMMEN

Als waschechter Basler muss man einmal in seinem Leben den Rhein hinuntergeschwommen sein. Und zwar nicht irgendeine Strecke, sondern vom Tinguely-Museum bis hinter die Johanniterbrücke.

Der erfahrene Rheinschwimmer trifft sich dafür mit seinen Freunden auf Kleinbasler Seite in der Nähe der Mittleren Brücke und läuft mit ihnen flussaufwärts bis zum Tinguely-Museum. Dort angekommen, werden Kleider, Wertsachen und Handy in einem Wickelfisch verstaut, um möglichst alles trocken zu halten. Der Wickelfisch ist in vielen Farben erhältlich und ist Pflicht für jede Baslerin und jeden Basler. Ein baslerischer «Rheinschwumm» gilt deshalb nur, wenn man ihn mit einem solch modischen Accessoire absolviert hat. Bei musikalischen Schwimmern kann es sogar sein, dass aus dem Wickelfisch Musik ertönt. Hat man alle seine Wertsachen im Beutel verstaut, macht man sich auf den Weg ins kühle Nass. Sobald du im Wasser bist, musst du dich nur noch entspannen und von der Strömung des Rheins mittragen lassen. Vorbeiziehend an den Fischergalgen, dem Münster und den vielen schönen Gebäuden, kann man die Zeit im Rhein dann hervorragend geniessen.

Je nach Wasserpegel dauert das Vergnügen bis zu dreissig Minuten. Nachdem man unter der Johanniterbrücke hindurchgeschwommen ist, klettert man unter Beobachtung der «chillenden» Bevölkerung aus dem Rhein und geniesst das hoffentlich warme Sommerwetter. Die beinahe südländische Atmosphäre geniesst du am besten mit dem Besuch in einer der Buvetten und lässt es dir in der Sonne gutgehen. Ein perfektes Erlebnis für jede Baslerin und jeden Basler.

Beachte bitte, dass man nur im Rhein schwimmen sollte, wenn man gut schwimmen kann. Der Rhein ist einer der grössten Flüsse Europas, weshalb man die Kraft des Wassers und der Strömung nie unterschätzen sollte.

## Checkliste

☐ Du musst mindestens einmal vom Tinguely-Museum bis nach der Johanniterbrücke schwimmen.

☐ Du musst einen Wickel-fisch besitzen und diesen auch benutzen.

☐ Am Ende sollst du den Abend am Rheinufer mit Freunden ausklin-gen lassen.

### WICKELFISCH

Eine baslerische Erfindung, die in vielen verschiedenen Farben erhältlich ist. Die Flosse wird sieben Mal gewickelt und hält somit alle darin befindlichen Dinge trocken. Er ist aus dem Stadtbild Basels im Sommer nicht mehr wegzudenken.

### EVENT-TIPP

Basler Rheinschwimmen: Einmal pro Jahr findet das offizielle Rheinschwimmen statt. Wenn das Wetter stimmt, strahlt der Rhein in vielen bunten Farben aufgrund von Hunderten oder gar Tausenden Schwimmern. Dies findet jeweils im Verlauf des Augusts unmittelbar nach den Schulferien statt. Falls du zu dieser Zeit in Basel bist, solltest du dir das nicht entgehen lassen.

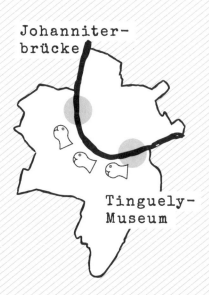

Johanniter-brücke

Tinguely-Museum

# SEHENS-WÜRDIGKEITEN

Basel strotzt nur so vor Sehenswürdigkeiten. Nicht nur jeder Tourist, sondern auch jeder Bebbi sollte die Wichtigsten deshalb auf jeden Fall gesehen haben.

### ❶ BASLER MÜNSTER

Das Münster ist das wahrscheinlich bekannteste Bauwerk von Basel. Ein richtiger Bebbi muss beim Besuch zwingend durch den Kreuzgang gehen und den Ausblick von einem der Münstertürme bewundern.

### ❷ RATHAUS

Auffällig aufgrund der roten Fassade, bildet das Rathaus den Sitz der Regierung Basels. Eine Führung lohnt sich in jedem Fall.

St. Alban-Tor

Spalentor

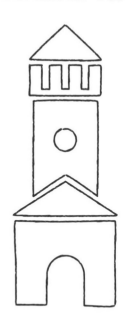

St. Johanns-Tor

## ③ DIE STADTTORE

Die Basler Stadtmauer, welche
bis 1860 als Schutz für die
Bevölkerung diente, hatte
ursprünglich sieben Stadttore,
die als Ein- und Ausgang dienten.
Mit dem Spalentor, dem
St. Alban-Tor und dem
St. Johanns-Tor existieren heute
nur noch deren drei. Die unter
Denkmalschutz stehenden
Bauwerke sind auf jeden Fall
einen Besuch wert und geben
einen Einblick in eine längst
vergangene Zeit.

## ④ PAULUSKIRCHE

Eine der schönsten Kirchen von
Basel. Der Besuch der evange-
lisch-reformierte Kirche lässt sich
gut mit einem Ausflug in den
Schützenmattpark verbinden.

## ⑤ ALTSTADT

Die Altstadt Basels gilt als eine
der intaktesten und schönsten
Europas. Jeder sollte einmal
durch die Gassen schlendern
und sich vorstellen, wie das
Leben in Basel wohl früher
ausgesehen hat.

### ⑥ MITTLERE BRÜCKE

Neben dem Münster ist die Mittlere Brücke wahrscheinlich das beliebteste Ziel, sie war der erste Rheinübergang, der das Klein- und Grossbasel miteinander verbunden hatte. Auf der Mittleren Brücke befindet sich zudem das Käppelijoch, welches jederzeit eine Besichtigung wert ist.

### ⑦ ZOLLI BASEL

Der Zoo Basel ist stets ein beliebtes Ausflugsziel und sollte von jedem Basler einmal besucht werden.

### ⑧ WASSERTURM

Auf dem Bruderholz liegt der 36 Meter hohe Wasserturm, von dessen Aussichtsplattform man einen herrlichen Ausblick über die Region geniesst.

### ⑨ MARKTHALLE

Die Markthalle ist ein kuppelförmiges Bauwerk, welches ursprünglich für den Marktbetrieb verwendet wurde. Heute dient die Halle als Event-Ort und bietet im Zentrum eine breite Anzahl an Ständen mit Streetfood.

Elftausendjungfern-Gässlein

Elftausend Jungfern, begleiteten der Legende nach die hl. Ursula
auf ihrer Pilgerreise von Köln über Basel nach Rom

## ⑩ ST. ALBAN-TAL UND PAPIERMUSEUM

Das St. Alban-Tal mit seinen historischen Häusern, den schmalen Gassen und dem St. Alban-Teich rechtfertigen bereits einen Besuch. Ein Abstecher ins Papiermuseum rundet das Erlebnis perfekt ab. Jedes Kind in Basel besucht in seiner Schulzeit mindestens einmal das Papiermuseum.

## ⑪ RHEINSPRUNG UND ELFTAUSENDJUNGFERN-GÄSSLEIN

Der steile Anstieg von der Schiffländi bis hoch zum Münsterplatz vermittelt einen guten Eindruck des historischen Basels. Unmittelbar am Anfang des Hügels befindet sich das Elftausendjungfern-Gässlein, welches zum Martinskirchplatz führt. Der Legende nach soll die britische Königstochter Ursula mit elftausend Jungfrauen die 69 Treppenstufen zur Martinskirche hinaufgestiegen sein.

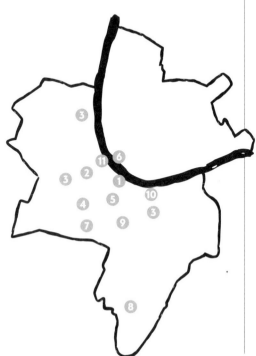

«Der Legende nach soll die britische Königstochter Ursula mit elftausend Jungfrauen die 69 Treppenstufen zur Martinskirche hinaufgestiegen sein.»

- ☐ Du musst mindestens einmal auf einem der Münstertürme gewesen sein.

- ☐ Du musst einmal über die Mittlere Brücke laufen und das Käppelijoch bestaunen.

- ☐ Du musst mindestens eines der drei noch stehenden Stadttore gesehen haben.

- ☐ Du musst durch die Altstadt Basels schlendern und dir vorstellen, wie es früher wohl gewesen sein muss.

- ☐ Du musst das Elftausendjungferngässlein hochlaufen und die Treppenstufen durchzählen.

1854 Basler Künstlergesellschaft
Hartgraberfähre "Rheinmücke" -> 1877 rheinabwärts "Münsterfähre" LEU
1862 zweite Fähre Totentanz-Kaserne
          = Klingentalfähre" Vogel Gryff
1894 "St. Alban-Fähre"  Wilde Maa
1895 "Schlachthoffähre"  Ueli

1944 Fähritaufe
1974 "Fähri-Verein Basel"

Rollfähren

# DIE 7 FÄHREN

Ohne die Fähren würde sich der Rheinabschnitt durch Basel kaum von anderen Abschnitten des Flusses unterscheiden. Insgesamt gibt es deren vier, die alle ihren eigenen Charakter und ihre eigene Bemalung aufweisen. Da bis ins 19. Jahrhundert lediglich die Mittlere Brücke existierte, war damals ein schnelles Überqueren des Flusses nicht möglich. Deshalb haben sich die Einwohner von Basel etwas überlegt und so nach und nach die vier Fähren entwickelt und in Betrieb genommen. Heute sind sie ein beliebtes Touristenziel und aus dem Stadtbild nicht mehr wegzudenken.

## VIER FÄHREN

Die Namen der vier Fähren lauten (in Fliessrichtung des Rheins):

1 **WILD MAA** SEIT 1894 im St. Alban

2 **LEU** SEIT 1877 Beim Münster; wird auch als Münsterfähre bezeichnet

3 **VOGEL GRYFF** SEIT 1862 Beim Klingental

4 **UELI** SEIT 1895 Im St. Johann

## «AM FÄHRIMAA VERZELLE»

Einer der wohl berühmtesten Fährimänner war Karl Städeli, der das Buch «Dr Fährimaa verzellt» veröffentlichte. In dem Buch wurden verschiedenste Erlebnisse im urchigen Basler Dialekt erzählt, weshalb es sich in kurzer Zeit zu einem Kultbuch entwickelt hat. Heute wird der Spruch «Öbbis am Fährimaa verzelle» umgangssprachlich für Aussagen benutzt, die man als Lüge oder übertrieben betrachtet. Wenn dir das nächste Mal jemand erzählt, was offensichtlicher Quatsch ist, dann kannst du der Person sagen: «Das chasch am Fährimaa go verzelle.» (Das kannst du dem Fährmann erzählen.)

## Checkliste

☐ Du musst alle vier Fähren mit dem Namen kennen und erklären können, wo sich diese befinden.

☐ Du musst mit jeder Fähre mindestens einmal gefahren sein.

☐ Eine Fahrt kostet 1.60 Franken; bei der Fahrt gibt man dem Fährimaa aber 2 Stutz und sagt «es isch guet so» (Anmerkung: Nein, wir sind nicht von den Fährimännern gesponsort).

☐ Du musst den Ausdruck «Verzell du das am Fährimaa» verwenden.

☐ Du weisst, wie der Antrieb einer Fähre funktioniert.

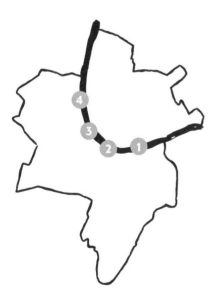

### TECHNISCHES

Jeder Basler weiss, dass die Fähren ohne Motor auskommen. Alleine durch die Kraft der Strömung werden die Fähren an einem Stahlseil über den Rhein gezogen. Der Fährimaa stellt sein Boot quer zum Strom und nutzt die Kraft des Wassers, um sich ans andere Ufer des Rheins zu bewegen.

# KULINARISCHES AUS BASEL

Basler Spezialitäten gibt es zuhauf. Teilweise sind diese jedoch nur zu bestimmten Zeiten erhältlich. Etwa während der Fasnacht oder der Herbstmesse. Auf dieser Seite möchten wir dir die wichtigsten vorstellen, die jeder Bebbi kennen und mindestens einmal gegessen oder getrunken haben muss.

## LÄGGERLI

Der Klassiker unter den Basler Mitbringseln. Ein lebkuchenartiges Gebäck, welches in viereckiger Form ausgestochen wird. Beliebt bei Jung und Alt. Wie der Name bereits verrät, schmeckt das Gebäck besonders lecker (Läggerli = Leckerchen).

## BEGGESCHMUTZ
### (BÄCKERKUSS, SCHAUMKUSS)

Eine luftige Schaumzuckermasse, die mit dünner Schokolade ummantelt und mit Kokossplittern bestreut wird. Besonders beliebt während der Herbstmesse.

## MÄSSMOGGE
(GEFÜLLTE BONBONS)

Eine Süssigkeit, die mehrheitlich während der Herbstmesse zu finden ist. Dabei handelt es sich um länglich geformte, süsse Bonbons, die mit einer Haselnussmasse gefüllt sind. Je nach Farbe unterscheiden sich die Glasuren im Geschmack.

## SUURI LÄÄBERLI
(SAURE KALBSLEBER)

Ein traditionelles Basler Gericht, welches immer seltener auf den Speisekarten der Restaurants zu finden ist. Die Kalbsläberli werden meist mit Rösti, Nüsslisalat oder Spätzli serviert.

## BESCHLE-RING

Der cremige Beschle-Ring ist ein Klassiker der Basler Traditionsconfiserie Beschle. Zartes Biscuit mit Creme und karamellisiertem Croquant.

## BRUNSLI

Ein klassisches Basler Weihnachtsgutzi, das seine Farbe der dunklen Schokolade zu verdanken hat. Je nach Rezept werden sie mit einem Schuss Kirsch verfeinert.

## MEHLSUPPE

Eine dunkle Suppe aus geröstetem Mehl, die in der Regel mit geriebenem Käse gegessen wird. Besonders beliebt ist dieser kulinarische Genuss während der Fasnachtszeit. Möchtest du die Suppe ausserhalb der Fasnachtszeit geniessen und kochst diese selber zu Hause nach, dann sei gewarnt: Lass das geröstete Mehl nie aus den Augen, sonst kann es schnell passieren, dass dieses verbrennt und die Suppe ungeniessbar wird.

## SUNNEREEDLI UND FASTENWÄHE
(SONNENRÄDER, FASTENWÄHE)

Die beiden Gebäcke sehen optisch sehr ähnlich aus. Von der Form fast mit einer Brezel zu vergleichen, handelt es sich bei den Sonnenrädern/Fastenwähen um ein buttriges Gebäck, welches mit Kümmel bestreut wird. Der Unterschied liegt darin, dass die «Sunnereedli» kleiner und härter/bissfester sind und unter anderem als Apéro-Gebäck dienen. Die Fastenwähen sind etwas grösser, deutlich weicher und werden gerne zum Frühstück oder als Snack gegessen.

## FASNACHTSCHÜECHLI
(FASNACHTSKÜCHLEIN)

Wer beim Fasnachtsküchlein einen Kuchen erwartet, der wird beim ersten Anblick der papierdünnen Form des Gebäcks enttäuscht sein. Aus Eiern, Rahm und Mehl wird der Teig des Fasnachtschüechli gemischt und so dünn wie möglich ausgewallt. Anschliessend wird der Teig in heisses Fett gelegt und knusprig gebacken. Zum Schluss werden die Fasnachtschüechli mit Puderzucker bestäubt. Wie es der Name bereits vermuten lässt, ist es sehr beliebt vor und während der Fasnachtszeit. Wer dann ein Fasnachtschüechli erstmals probiert, der wird die erste Enttäuschung schnell wieder vergessen haben und den Geschmack lieben.

## SALM NACH BASLER ART
(LACHS À LA BÂLOISE)

Für viele ist es das traditionellste aller Basler Gerichte. Der Lachs ist im Basler Abschnitt des Rheins zwar ausgestorben, das Gericht wird aber auch heute noch serviert. Zubereitet mit gerösteten Zwiebeln, wird der Fisch meist mit Salzkartoffeln angerichtet.

## Checkliste

☐ Du musst alle vorgestellten Spezialitäten aufzählen können und sie mindestens einmal gegessen oder getrunken haben.

☐ Du musst eine eigene Mehlsuppe gekocht haben.

## ZWIEBEL- UND KÄSEWÄHE

Zwei beliebte Wähen-Arten, die rund um die Fasnacht gerne gekauft und gegessen werden. Sie passen sehr gut zu der Mehlsuppe.

## HYPOKRAS

Das kalte Getränk Hypokras wird aus Rot- und Weissweinsorten, Zucker, Zitronenschalen und verschiedenen Gewürzen gemischt. Üblicherweise werden dazu Läckerli serviert. Traditionellerweise wird der Hypokras an Silvester getrunken.

## UNSER BIER

Die Brauerei Unser Bier im Gundeldingerquartier ist die grösste Brauerei der Stadt und braut seit Mitte der 1990er-Jahre lokale Biere.

## UELI-BIER

Das von der Fischerstube im Kleinbasel gebraute Ueli-Bier ist ein echtes Basler Bier und wird seit den 1970er-Jahren gebraut. Heute kann man verschiedene Ueli-Sorten trinken.

Im Anschluß an das Konzil von Basel verlieh Kaiser Friedrich III am 11.7.1471 auf dem Reichstag zu Regensburg, Basel das Privileg jährlich 2 große Handelsmessen durchzuführen.

1721 u. 22 wg Pest ausgefallen
1831 wg Cholera-Epidemie
1918 wg. Spanische Grippe
2020 wg. COVID

Seit 1926 Sa vor 30. Okt.

Konzil von Basel
Synode von 1431-49; einberufen von Papst Martin

# BASLER HERBSTMESSE

Wenn im Herbst die Kinderaugen hell leuchten, dann ist wieder Zeit für die Herbstmesse. Dabei handelt es sich um den grössten Schweizer Jahrmarkt. Die Tradition der Herbstmesse reicht bis ins Mittelalter zurück. Um die damals von einer Wirtschaftskrise gebeutelte Stadt wieder attraktiver zu machen, wurde beschlossen, dass eine Messe veranstaltet werden sollte. Doch dafür benötigt Basel die Erlaubnis des deutschen Kaisers Friedrich III. Am 11. Juli 1471 war es schliesslich so weit: Der Kaiser erteilte den Bebbi die Erlaubnis, eine eigenständige Messe durchzuführen. Seitdem findet die Herbstmesse jedes Jahr statt und ist somit der älteste Jahrmarkt der Schweiz.

Die Messe wird jeweils am Samstag vor dem 30. Oktober um Punkt 12 Uhr vom Turm der Martinskirche mit dem «Mässglöggli» eingeläutet. Mit diesem Glockenschlag werden alle Marktstände und Fahrgeschäfte eröffnet. Vierzehn Tage lang können die Besucher die Handwerkskunst bestaunen, mit den verschiedenen Bahnen fahren, an Spielen teilnehmen oder einfach die Atmosphäre geniessen. Die Herbstmesse bietet aber auch viele kulinarische Highlights: Besonders beliebt sind dabei Glöpfer, Chäschüechli, Beggeschmütz, Mässmögge, Magenbrot, gebrannte Mandeln und Rahmdääfeli.

Checkliste

☐ Du musst die Herbst-
messe besuchen und
die einzigartige
Atmosphäre geniessen.

☐ Du musst die
wichtigsten Messe-
spezialitäten
ausprobiert haben.

☐ Du musst wissen,
dass die Basler
Herbstmesse der
älteste Jahrmarkt
der Schweiz ist.

☐ Du musst wissen, dass
die erste Fahrt an
der Herbstmesse für
alle kostenlos ist.

☐ Du musst wissen,
dass die Herbstmesse
auf dem Petersplatz,
rund um den Hääfeli-
määrt, noch zwei Tage
länger dauert.

Die Herbstmesse findet über die gesamte Innenstadt verteilt, an verschiedenen Orten statt:

### MESSEPLATZ
(MIT ROSENTALANLAGE UND MESSEHALLEN)
Hauptort der Messe mit zahlreichen Bahnen und Essensständen.

### BARFÜSSERPLATZ
Kleinerer Platz mit verschiedenen Bahnen und Essensständen.

### MÜNSTERPLATZ
Diverse Essensstände und das von überall sichtbare Riesenrad mit dem herrlichen Blick über Basel.

### PETERSPLATZ
Verschiedene Essensstände, traditionelles Karussell und der Hääfelimäärt (Tonwaren und Geschirr). Auf dem Petersplatz findet die Herbstmesse zwei Tage länger statt.

### KASERNE
Viele wilde Bahnen. Erste Anlaufstelle für Adrenalin-Junkies.

Übrigens: Nachdem die Glocke der Martinskirche die Herbstmesse eröffnet hat, sind während der ersten Minuten alle Fahrten kostenlos. Aufgrund der zahlreichen Besucher braucht es jedoch sehr viel Glück, eine dieser Gratisfahrten zu erwischen.

# 1. AUGUST IN BASEL

Der Bundesfeiertag wurde gewählt in Bezug zum Bundesbrief von Anfang August 1291!
→ bezieht sich **nicht** auf den Rütlischwur ⇒ Rütli, eine Wiese oberhalb des Vierwaldstättersees, der geheime Treffpkt der Verschwörer aus den Ländern Uri, Schwyz und Unterwalden. Bewaffneter Aufstand gegen die tyrannischen Vögte der Habsburger 8. Nov 1307

- Erstmals erwähnt im Jahr 1724
- 1760 Veröffentlg. durch den Basler Jurist und Historiker Eheser
- erstmals gefeiert am 1. Aug 1891
  Bern wollte 1891 das 700jährige Bestehen der Stadt feiern u. es mit dem 600jährigen Bestehen der Eidgenossenschaft verbinden.
- Bis dahin galt der Bund zu Brunnen 1315 als "Gründungsakt" der Eidgenossenschaft
  = Sieg der Eidgenossen in der Schlacht am Morgarten; 9. Dez 1315
  1. Schlacht gegen die Habsburger

- ab 1899 in der gz. Schweiz jährlich
- Rütlirapport General Guisan 25.7.1940
  Er informierte sämtl. Offiziere über den Reduit-Plan

---

Der 1. August ist der Nationalfeiertag der Schweiz. Während beinahe die gesamte Schweiz den Geburtstag der Eidgenossenschaft an eben diesem Tag feiert, hat sich die Stadt Basel dazu entschieden, die Feierlichkeiten bereits einen Tag früher durchzuführen. Weil Basel eben anders tickt. Oder vielleicht weil die Basler nach dem grossen Fest lieber ausschlafen möchten und somit den 1. August zur Erholung nutzen. Die Festaktivitäten in Basel starten ca. um 17 Uhr. In der Innenstadt und an beiden Seiten des Rheinufers werden diverse Ess- und Trinkstände aufgestellt, an denen sich die Besucher mit Köstlichkeiten eindecken können. Am Rheinufer selber werden die Besucher mit Live-Musik unterhalten.

Gekrönt werden die Festlichkeiten mit dem Feuerwerk, welches um 23 Uhr gezündet wird. Bei gutem Wetter werden in der Regel über 100 000 Menschen erwartet, die das Spektakel geniessen möchten. Deshalb lohnt es sich, früh seinen Platz zu reservieren,

«Gekrönt werden die Festlichkeiten mit dem Feuerwerk, welches um 23 Uhr gezündet wird.»

«Der 1. August ist der Nationalfeiertag der Schweiz. Während beinahe die gesamte Schweiz den Geburtstag der Eidgenossenschaft an eben diesem Tag feiert, hat sich die Stadt Basel dazu entschieden, die Feierlichkeiten bereits einen Tag früher durchzuführen.»

## Checkliste

- [ ] Du weisst, dass Basel einen Tag früher feiert.

- [ ] Du musst mindestens einmal das Feuerwerk gesehen haben.

- [ ] Du weisst, dass das Feuerwerk von zwei Schiffen, vor und nach der Mittleren Brücke abgefeuert wird.

- [ ] Du weisst, dass am 1. August die offizielle Bundesfeier auf dem Bruderholz gefeiert wird.

wenn man einen freien Blick auf den Nachthimmel haben möchte. Jeder Bebbi weiss, dass das Feuerwerk von zwei Schiffen abgefeuert wird. Dabei handelt es sich um Kiesschiffe mit den Namen «Schwägalp» und «Kiesueli», von denen jeweils mehrere Hundert Kilo Feuerwerkskörper abgefeuert werden. Die «Schwägalp» wird zwischen Wettsteinbrücke und der Mittleren Brücke positioniert. Die «Kiesueli» steht weiter flussab-

wärts zwischen der Mittleren Brücke und der Johanniterbrücke. Nach knapp zwanzig Minuten ist das Spektakel vorbei.

Doch komplett anders tickt Basel dann doch nicht. Am 1. August wird der Geburtstag der Schweiz schon noch gefeiert. Auf dem Bruderholz finden weitere Festaktivitäten statt, wo neben Ansprachen und Musik ein weiteres Feuerwerk gezündet wird.

# GRILLIEREN AM BIRSKÖPFLI

Sobald der Sommer vor der Tür steht, zieht es viele Sonnenhungrige ans Birsköpfli. Diese Naherholungszone liegt direkt an der Mündung der Birs in den Rhein.

Das Birsköpfli teilt sich in eine Basler und eine Birsfelder Seite auf. Die Frage, welche Seite die schönere ist, kann nicht eindeutig

beantwortet werden. Es kommt immer darauf an, ob man einen Birsfelder oder einen Basler dazu befragt. Fakt ist jedoch, dass beide Seiten ihre Vorzüge haben. Während die Basler mit dem kleinen Steinstrand und der «Veranda Pellicano» für ihre Seite argumentieren, sehen die Birsfelder die weite Grünfläche und den grossen Spielplatz als schlagkräftige Gegenargumente. Doch glücklicherweise ist dies auch nicht entscheidend. Beide Seiten werden mit einer Fussgängerbrücke, dem Birskopfsteg, verbunden, womit man sich mühelos von einer Seite auf die andere bewegen kann. Diese rekonstruierte Brücke wurde 2012 neu eröffnet.

«Eine schöne, sommerliche Atmosphäre, die man erlebt haben muss.»

Regelmässige Besucher bringen Picknick-Decken, Strandtücher und einen Grill mit ans Birsköpfli. Dazu gehören natürlich auch genügend Getränke, am besten in einer Kühlbox und zahlreiche Grilladen. Du wirst sehen, dass du nicht der Einzige bist, denn an allen Ecken und Enden steigt der Rauch von den Grills auf. Eine schöne, sommerliche Atmosphäre, die man erlebt haben muss.

Mit Freunden vergeht die Zeit wie im Flug. Am Abend wird die Kohle der Grills zudem in den extra dafür positionierten Kohlebehältern entsorgt. Der Bebbi verlässt seinen Platz stets wieder sauber.

Übrigens: Der kleine Steinstrand auf Basler Seite eignet sich ausgezeichnet dazu, sich abzukühlen. Doch Vorsicht. Da das Wasser der Birs in der Regel um ein bis zwei Grad kühler ist als das Wasser des Rheins, zieht es die Badenden automatisch in Richtung des wärmeren Rheins. Und die Strömung des Rheins darf nicht unterschätzt werden. Deshalb heisst es, insbesondere mit Kindern, vorsichtig zu sein.

## Checkliste

- ☐ Du warst mindestens einmal am Birsköpfli grillieren.

- ☐ Du weisst, dass am Birsköpfli die Birs in den Rhein mündet.

- ☐ Du kühlst dich am Steinstrand in der Birs ab.

- ☐ Du hinterlässt das Birsköpfli so sauber, wie du es vorgefunden hast.

# WAPPEN UND WAPPENTIER

### BASELSTAB

Das Wappen von Basel, der Baselstab, war ursprünglich das Symbol des Bischofs von Basel. Der rote Krummstab, Symbol für den Stab des Hirten, wurde von der Stadt übernommen, schwarz gefärbt und diente fortan als offizielles Wappen.

Im 19. Jahrhundert kam es zur Kantonstrennung, wodurch die beiden Halbkantone Basel-Stadt und Basel-Landschaft entstanden sind. Die Stadt behielt den schwarzen, nach links gerichteten Baselstab bei. Der Kanton Basel-Landschaft entschied sich jedoch dazu, einen eigenständigen Bruder zu kreieren. Dieser wechselte wieder seine Farbe in Rot, erhielt einen Kamm in Form

von sieben Punkten (sogenannten Krabben) und drehte sich auf die rechte Seite. Er wird jedoch weiterhin als Baselstab bezeichnet.

Übrigens: Aufgrund des Einflusses des Bistums Basel gibt es einige Orte in der Region Basel, die ebenfalls einen Baselstab in ihren Wappen tragen. Zum Beispiel Laufen, Delémont und Liestal. Aber auch im Wappen des Kantons Jura ist ein Baselstab zu finden.

Viele bezeichnen das Wappen irrtümlicherweise als Baslerstab. Ein richtiger Bebbi weiss jedoch, dass es Baselstab heisst.

Der Baselstab ist bis heute überall in der Stadt präsent. Sei es an Gebäuden, auf Fahnen, an Brunnen und an vielen weiteren Orten. Einer der bekanntesten Wappenhalter ist der Basilisk.

## BASILISK

Rund um den Basilisken existieren zahlreiche Mythen. Eine der baslerischen Legenden besagt, dass ein altes Huhn ein Ei in einen Misthaufen gelegt habe, welches durch eine Schlange umschlungen und durch deren Wärme ausgebrütet worden sei. Daraus geschlüpft sei ein drachenähnliches Mischwesen, halb Hahn, halb Schlange. Alleine durch seinen Blick oder seinen Atem sei er in der Lage, Menschen zu töten.

Wie sich der Basilisk aber zum Wappentier entwickelt hat, ist nicht eindeutig überliefert. Die berühmteste Legende erzählt, dass in einer Höhle unter dem heutigen Gerberbrunnen ein Basilisk lebte. Im 10. Jahrhundert wollte man den defekten Brunnen reparieren, wodurch man auf den Basilisken aufmerksam wurde. So kam Basel zu seinem Namen und seinem Wappentier. Diese Legende ist auch heute noch beim Gerberbrunnen eingraviert.

Andere Legenden wiederum behaupten, dass es den Namen der Stadt zuerst gab und der Basilisk alleine deshalb zum Wappentier ernannt wurde, weil der Name doch so schön passend war. Basel, Basilea, Basilisk.

Nichtsdestotrotz sind die Bebbi stolz auf ihren Basilisken, und eine Stadt ohne das drachenähnliche Wesen wäre heute nicht mehr vorstellbar. Die imposantesten Exemplare befinden sich vor der Wettsteinbrücke. Aber auch sonst prägen sie das Stadtbild nachhaltig. Insbesondere auf den überall auffindbaren Basiliskenbrunnen. Auf dem Rand befindet sich stolz posierend der Basilisk, der das Wasser in die Mitte des Beckens speit. Vor seiner Brust befindet sich zudem stets ein Baselstab. Am Fussende ist ausserdem eine Trinkschale für Hunde zu finden.

## Checkliste

- [ ] Du weisst, dass es Baselstab und nicht Baslerstab heisst.

- [ ] Du weisst, dass ein Hirtenstab als Ursprung diente.

- [ ] Du weisst, dass der Baselstab auch in anderen Wappen vorkommt.

- [ ] Du weisst, dass die Legende sagt, ein Basilisk habe unter dem Gerberbrunnen gehaust.

- [ ] Du weisst, ein Basilisk ist halb Hahn und halb Schlange.

# BERÜHMTE PERSÖNLICHKEITEN

Viele berühmte Persönlichkeiten stammen aus Basel und der Region oder haben lange Zeit hier gelebt. Eine Auswahl der wichtigsten, weltweit bekannten Personen sollte ein richtiger Bebbi unbedingt kennen.

### JACQUES HERZOG UND PIERRE DE MEURON
(BEIDE *1950)

Das Duo Herzog & de Meuron geniesst mit ihrem Architekturbüro weltweites Ansehen. Zu ihren wichtigsten Gebäuden in Basel gehören der Roche-Turm, der Messeneubau, der St. Jakob-Park und das Vitra Haus. Ihre Bauten befinden sich auf der ganzen Welt, beispielsweise das Nationalstadion in Peking (Vogelnest) oder die Elbphilharmonie in Hamburg.

### ARTHUR COHN (*1927)
Filmproduzent, der in Basel aufgewachsen ist und mit seinen Filmen mehrfach den Oscar gewonnen hat.

### JEAN TINGUELY
(*1925, †1991)

Schweizer Maler und Bildhauer, der die Kunstszene Basels wie kein zweiter geprägt hat. Fünf Jahre nach seinem Tod wurde das Museum Tinguely eröffnet.

## Checkliste

☐ Du kennst die berühmtesten Personen Basels.

☐ Du hast den «Walk of Fame» am Spalenberg mindestens einmal besucht.

### ALBERT HOFMANN
(*1906, †2008)
Chemiker, der von 1929 bis 1971 in Basel forschte. Er entdeckte aufgrund seiner weltberühmten Selbstversuche die halluzinogene Wirkung von LSD.

### FRIEDRICH NIETZSCHE
(*1844, †1900)
Weltberühmter Philosoph. In Basel war er als Professor für klassische Philologie tätig und veröffentlichte in dieser Zeit sein grösstes Werk «Die Geburt der Tragödie aus dem Geiste der Musik».

### ROGER FEDERER (*1981)
Er ist einer der erfolgreichsten Tennisspieler aller Zeiten. Geboren in Basel und in Münchenstein aufgewachsen.

Dies ist natürlich nur eine kleine Auswahl von berühmten Basler Persönlichkeiten. Viele dieser Personen wurden auch zu «Ehrespalebärglemer» ernannt. Dabei handelt es sich um eine Wertschätzung des Sperber-Kollegiums, das Persönlichkeiten von Basel mit Messingtafeln auszeichnet, die im Kopfsteinpflaster des Spalenberges integriert werden. Umgangssprachlich wird dieser Fussgänger-Abschnitt als Basler «Walk of Fame» bezeichnet und ist jederzeit einen Besuch wert.

# WEIHNACHTS-MARKT

**14**

Der Weihnachtsmarkt in Basel gilt als einer der schönsten und grössten der Schweiz. Von Ende November bis kurz vor Weihnachten versprühen der Barfüsser- und der Münsterplatz weihnachtliche Stimmung.

Auf dem Barfüsserplatz sticht als Erstes die riesige Weihnachtspyramide ins Auge. Ein übergrosses Lichtergestell, in dem sich ein Verkaufsstand für Glühwein und weitere Getränke befindet. Ein richtiger Bebbi muss natürlich zuerst einen Glühwein (oder eine alkoholfreie Alternative) konsumieren. Gut gestärkt kann man nun durch den Markt schlendern und die angebotenen Produkte anschauen und kaufen.

«Der Weihnachts-
markt in Basel gilt
als einer der
schönsten und
grössten der
Schweiz.»

Insgesamt bieten knapp 180
Händler und Kunsthandwerker in
ihren kleinen Chalets unter-
schiedlichste Waren an. Falls du
mit deinen Weihnachtsgeschen-
ken im Rückstand bist, lohnt sich
ein Besuch auf jeden Fall.

Auch der Münsterplatz strahlt im
Lichtermeer, welches man am
besten von einem der Münstertürme geniessen kann. Besondere
Beachtung findet zudem der
riesige Weihnachtsbaum, der
jeweils mitten auf dem Platz

steht. Zudem wird jedes Jahr ein
Märchenwald für Kinder aufge-
baut. Darin können die Kinder
verschiedene handwerkliche
Tätigkeiten ausprobieren. Von
Kerzenziehen, über Weihnachts-
gestecke basteln oder Münzen
prägen ist für jeden etwas dabei.

Abschliessend solltest du noch
einen Abstecher ins Rathaus
machen. In dem öffentlich
aufgelegten Wunschbuch im
Innenhof können die Baslerinnen
und Basler und auch alle
Besucher der Stadt ihre Wünsche
notieren – und wer weiss,
vielleicht werden diese ja in
Erfüllung gehen.

## Checkliste

☐ Du musst den
Weihnachtsmarkt
besuchen.

☐ Du musst bei der
Weihnachtspyramide
einen Glühwein
(oder eine alkoholfreie
Alternative)
getrunken haben.

☐ Schreib einen
Wunsch ins Basler
Wunschbuch.

☐ Du musst den Märchen-
wald auf dem Münster-
platz besuchen.

# KUNST IN BASEL

Basel gilt als die Kulturhauptstadt der Schweiz. Jedes Jahr während der Art Basel befindet sich die Stadt in einem Ausnahmezustand, was Künstler und Besucher aus der ganzen Welt anlockt. Doch auch während des restlichen Jahres ist die Kunst in Basel stets präsent.

Egal, wo man sich befindet, man kommt ständig mit Kunst in Berührung. Überall in der Stadt kann diese kostenlos bewundert werden. Innerhalb eines Tages ist die Auswahl der wichtigsten öffentlichen Kunstwerke, welche ein Bebbi unbedingt sehen muss, problemlos zu finden.

### INTERSECTION
Auf dem Theaterplatz befindet sich das Kunstwerk Intersection von Richard Serra. Die massive Stahlkonstruktion prägt den Platz und wird leider nachts des Öfteren als Pissoir missbraucht.

### GÄNSELIESEL
Beim Rheinsprung kann die Wandmalerei von Samuel Buri betrachtet werden.

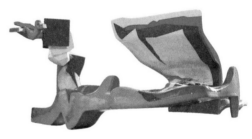

### LIEU DIT
Die Skulptur an der Heuwaage des Basler Künstlers Michael Grossert ist aufgrund ihrer bunten Farben nicht zu übersehen.

### GRAFFITO
Im Gerbergässlein befindet sich, gegenüber der Rock-Bar «L'Unique», das berühmteste Graffito Basels. Zahlreiche berühmte Musiker sind darin verewigt.

## FASNACHTS-BRUNNEN

Einen Steinwurf vom Intersection entfernt, befindet sich der von Jean Tinguely geschaffene Brunnen. Maschinelle Skulpturen, die teilweise aus Stücken der Bühnenausstattung des ehemaligen Stadttheaters konstruiert wurden, zeigen Tinguely-typische Wasserspiele. Besonders eindrücklich ist der Brunnen bei Minustemperaturen, wenn die Fontänen gefrieren und märchenhafte Gebilde entstehen.

## AMAZONE MIT PFERD

An der Schifflände, unmittelbar vor der Mittleren Brücke, steht die Skulptur des Basler Bildhauers Carl Burckhardt. Sie trägt den Titel «Amazone, Pferd führend».

## HELVETIA AUF REISEN

Nachdenklich sitzt die Helvetia auf Kleinbasler Seite und blickt auf den Rhein. Das Kunstwerk stammt von Bettina Eichin.

## PICASSO

Auf dem Picassoplatz steht die Skulptur «L'homme aux bras écartés» von Pablo Picasso.

## HAMMERING MAN

Auf dem Aeschenplatz befindet sich, in Endlosschleife hämmernd, der Hammering Man von Jonathan Borofsky. Dies ist kein Basler Unikat. Dieses Kunstwerk des Amerikaners ist überall auf der Welt zu finden.

Neben der öffentlichen Kunst lohnt sich auch ein Besuch in den Museen Basels. Am bekanntesten sind natürlich das Kunstmuseum und dessen Neubau, das Museum Tinguely und die Fondation Beyeler in Riehen. Aber auch andere Museen der Stadt sind jederzeit einen Besuch wert.

# Checkliste

☐ Du musst alle vorgestellten Kunstwerke besichtigt haben.

☐ Du musst das Kunstmuseum, das Museum Tinguely und die Fondation Beyeler in Riehen besucht haben.

# LÄLLE-KÖNIG

Wenn man in Basel unterwegs ist, begegnet man immer wieder dem Lällekönig. Ein körperloser Kopf, der seine Zunge herausstreckt. Daher stammt auch der Name, denn das Wort «Lälli» ist ein baslerischer Ausdruck für die Zunge, den du sicher schon kennst, da er im ersten Kapitel über die besonderen Ausdrücke in Basel vorgekommen ist. Erstmals montiert wurde ein Lällenkönig im 17. Jahrhundert am Rheintor. Historiker sind über dessen Bedeutung nicht sicher, es liegt jedoch nahe, dass es sich um das Porträt eines Verräters handeln könnte, dessen Kopf auf einer Stange am Rhein aufgespiesst wurde. Es könnte jedoch auch sein, dass es sich bei dem Kopf bloss um einen Scherz

> «Er streckt dem Kleinbasel stets seine Zunge raus, um seine Verachtung gegenüber dem niederen Stadtteil zu zeigen.»

handelt und dass sich hinter dem Lällekönig kein tieferer Sinn verbirgt. Für Grossbasler ist die Bedeutung jedoch klar. Der Lällekönig bildet das Gegenstück zum «Wilde Maa». Denn der wilde Mann erlaubt sich die Frechheit und positioniert sich während des Vogel Gryff stets mit dem Hintern zum grösseren Basel und würdigt den «besseren» Stadtteil mit keinem Blick. Der Lällekönig gibt somit die passende Antwort. Er streckt dem Kleinbasel stets seine Zunge raus, um seine Verachtung gegenüber dem niederen Stadtteil zu zeigen. Dieser Ursprung des Lällekönigs ist historisch jedoch nicht eindeutig belegt; die Geschichte wird jedoch von Bebbi zu Bebbi weitererzählt, wodurch

«Der Lällekönig
bildet das
Gegenstück zum
‹Wilde Maa›.»

## Checkliste

☐ Du musst die Standorte aller Lällekönige kennen und diese besuchen.

☐ Du musst die «Legende», dass der Lällekönig die Zunge Richtung Kleinbasel rausstreckt, möglichst vielen Leute erzählen.

☐ Du musst dem Kleinbasel mindestens einmal die Zunge rausstrecken.

sie sich bis heute zu einer Art Grossstadtlegende entwickelt hat. Die drei wichtigsten heute noch auffindbaren Lällekönige befinden sich alle an Hausfassaden in Basel. Die zwei bekannteren befinden sich an der Schifflände 1 beim ehemaligen Restaurant Lällekönig. Einer davon ist bei Kindern besonders beliebt, da er mit einer Mechanik versehen ist und Augen und Zunge bewegen kann. Aufgrund des damit verbundenen Uhrwerks führt es dazu, dass der Lällekönig genau viermal pro Minute die Zunge in Richtung Kleinbasel rausstreckt.

Der dritte, weniger bekannte Lällekönig, befindet sich in der Sattelgasse, weit oben direkt unterhalb des Daches über dem Restaurant Gifthüttli.

«Einer davon ist
bei Kindern
besonders beliebt,
da er mit einer
Mechanik versehen
ist und Augen
und Zunge bewegen
kann.»

45

# VOGEL GRYFF

## 17

Der Vogel Gryff ist der bedeutendste Anlass im Kleinbasel und nach der Fasnacht das wichtigste Ereignis der Stadt Basel. Mit der Fasnacht hat der Anlass aber absolut gar nichts zu tun. Beginnend mit einer Flossfahrt auf der Höhe des Fischergalgens an der Grenzacherstrasse, treibt der Wilde Mann ab 10.30 Uhr mit

> «... der Wilde Mann richtet seinen Blick immer in Richtung Kleinbasel.»

seinem Floss auf dem Rhein flussabwärts. Begleitet wird er dabei von trommelnden Tambouren und Kanonieren, die donnernde Böllerschüsse abfeuern. Während der Flossfahrt richtet der Wilde Mann seinen Blick immer in Richtung Kleinbasel, wie ein Dirigent, der sich seinem Orchester zuwendet. Wie du im Kapitel Lällekönig bereits erfahren hast, ist man sich aus Grossbasler Sicht aber einig, dass der Wilde Mann bewusst sein Gesäss in Richtung des grösseren Stadtteils hält, um seine Abneigung zum Ausdruck zu bringen. Die Kleinbasler finden jedoch, dass sich das «bessere» Basel schlicht zu wichtig nehme. Nicht alles drehe sich um das Grossbasel.

Am Ende der Flossfahrt, unmittelbar nach der Mittleren Brücke, empfangen der Gryff und der Leu den Wilden Mann und ziehen anschliessend tanzend durch das Kleinbasel. Wichtigste Eckpunkte während des Umzugs sind der traditionelle Tanz vor dem Waisenhaus und das «Gryffemähli», wo sich Mitglieder der Ehrengesellschaften zum Bankett versammeln.

Wilder Mann, Leu und Vogel Gryff sind die alten Symbolfiguren der drei Kleinbasler Gesellschaften zum Rebhaus, zur Hären und zum Greifen. Der Ursprung des Brauches stammt aus dem 15. Jahrhundert, wo die Wehrpflichtigen jährlich eine militärische

# Checkliste

- [ ] Du musst den Wilden Mann, den Leu und den Vogel Gryff kennen.

- [ ] Du musst wissen, dass der Wilde Mann nie zum Grossbasel schaut und nur sein Hinterteil in diese Richtung zeigt.

- [ ] Du musst einmal am Vogel Gryff dabei gewesen sein.

- [ ] Du musst wissen, dass der Vogel Gryff absolut gar nichts mit der Fasnacht zu tun hat.

«Der Brauch wird bis heute beibehalten und ist der wichtigste Feiertag Kleinbasels.»

Musterung durchliefern. Auf eine solche Musterung folgte jeweils ein Umzug, an dem die entsprechenden Symbolfiguren teilgenommen haben. Der Brauch wird bis heute beibehalten und ist der wichtigste Feiertag Kleinbasels. Heute wird der Umzug sogar von «Ueli» begleitet, die bei den Zuschauern Geld für einen guten Zweck sammeln. Das Geld fliesst einer Spendenkommission zu, die sich für in Not gerate Kleinbaslerinnen und Kleinbasler in Form von Essen und Gutscheinen einsetzt.

Übrigens: Der Vogel Gryff findet im Turnus von drei Jahren entweder am 13., 20. oder 27. Januar statt. In jedem Jahr hat eine andere Ehrengesellschaft den Vorsitz. Am 13. zum Rebhaus, am 20. zur Hären und am 27. zum Greifen. Sollte der Termin auf einen Sonntag fallen, wird der Anlass auf den Samstag vorverlegt.

# PLÄTZE, STRASSEN, BRÜCKEN UND PARKS

Die Bebbi haben die Eigenschaft, von «ihren» Strassen, Plätzen, Brücken und Parks zu reden, als würde sie jeder auf der Welt kennen. Um mitreden zu können, ist es deshalb wichtig, wenn man diese Orte ebenfalls kennt und deren Position in der Stadt zuordnen kann. Falls vorhanden, findest du in den Klammern die umgangssprachliche, baslerische Bezeichnung der jeweiligen Orte.

«Die Bebbi haben
die Eigenschaft, von
‹ihren› Strassen,
Plätzen, Brücken
und Parks zu reden,
als würde sie jeder
auf der Welt
kennen.»

## PLÄTZE

### ① PFALZ
Aussichtsplatz «hinter» dem Münster mit Sicht auf den Rhein und das Kleinbasel; abends beliebter Ort bei Jugendlichen.

### ② BANKVEREIN
Die Tramstation an der Kreuzung Aeschenvorstadt und St. Alban-Graben trägt den Namen des Bankvereins, der 1997 mit der Schweizer Bankgesellschaft zur UBS fusionierte. Umgangssprachlich wird jedoch der gesamte Platz als Bankverein oder Bankenplatz bezeichnet.

### ③ AESCHENPLATZ

Einer der wichtigsten Verkehrs-
knotenpunkte von Basel. Man
muss stets auf der Hut sein,
nicht von einem der zahlreichen
Verkehrsteilnehmer übersehen
zu werden.

### ④ MÜNSTERPLATZ

Einer der ältesten Plätze Basels.
Namensgeber ist das Basler
Münster. Während der Herbst-
messe steht hier das Riesenrad.
Der Platz ist komplett mit
Kopfsteinpflaster bedeckt.

### ⑤ ROSENTALANLAGE

Kleiner Kiesplatz bei der
Messe Basel. Besonders beliebt
während der Herbstmesse
und während den Vorstellungen
des Circus Knie.

### ⑥ PETERSPLATZ

Der Platz vor der Universität
Basel, der gerne für Flohmärkte,
aber auch für die Herbstmesse
genutzt wird.

### ⑦ MESSEPLATZ

Ort aller wichtigen Messen von
Basel. Die Messehallen und
der Platz wurden im Jahr 2013
mit neuer Architektur
wiedereröffnet. Der erste
Badische Bahnhof lag übrigens
an dieser Position der
heutigen Messe.

### ⑧ SCHIFFLÄNDE

Die älteste Hafenanlage
Basels befindet sich auf Grossbasler Seite bei der Mittleren
Brücke. Das Hotel Trois Rois
sowie eine Station der Basler
Personenschifffahrt sind
an diesem Ort.

### ⑨ BARFÜSSERPLATZ
(BARFI)

Zentrum der Stadt und
wird gerne als Treffpunkt
vor dem abendlichen
«Usgang» genutzt.

### ⑩ MARKTPLATZ

Zentraler Platz. Bekannt
aufgrund der regelmässigen
Märkte und dem angrenzenden
Rathaus.

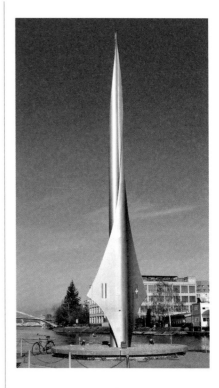

### ⑪ DREILÄNDERECK
(HAFEBEGGI ZWEI)

Kein Platz im eigentlichen Sinn,
aber ein wichtiger Ort Basels.
Treffpunkt dreier Länder
(CH, F, D), Sprachen und Kultu-
ren, der mit dem Pylon als
Grenzpunkt im Rheinhafen Kleinhüningen unterteilt wird.

### ⑫ CLARAPLATZ

Liegt im Zentrum des Kleinbasels
und erhielt seinen Namen von
der Clarakirche.

# STRASSEN

### FREIE STRASSE
(FREIE)

Basels Shoppingmeile; wird dem Ruf heute nur noch teilweise gerecht, da es viele Läden schlicht nicht mehr gibt.

### SPALENBERG
(SPALEBÄRG)

Bekannt aufgrund der Altstadt, Boutiquen und kleineren Läden. Zudem erhalten wichtige Basler Persönlichkeiten auf dem Spalenberg befindlichen «Walk of Fame» eine eigene Silbertafel und dürfen fortan als «Ehrespalebärglemer» bezeichnet werden.

### STEINENVORSTADT
(STEINE)

Basels Ausgehmeile im Grossbasel war ursprünglich bekannt für die vielen Kinos. Heute kennt man die Strassen eher für die zahlreichen Bars.

### KLOSTERBERG

Kleine Anhöhe innerhalb von Basel. Einmal im Jahr findet das Klosterbergfest statt, welches zugunsten hilfsbedürftiger Kinder in Brasilien durchgeführt wird.

### RHEINGASSE
(RHYGASS)

Aufstrebende Bar- und Kulturszene (Basels Ausgehmeile im Kleinbasel).

### CLARASTRASSE

Früher als attraktive Einkaufsstrasse bekannt, ist sie heute das Sorgenkind des Kleinbasels.

### UFERSTRASSE

In der Nähe des Hafens ist es, vor allem im Sommer, ein beliebter Ort für Alternativliebhaber, Musikfreunde und Geniesser von schönen Sonnenuntergängen.

# BRÜCKEN

Insgesamt gibt es in Basel fünf Rheinbrücken. Diese stellen wir dir in Fliessrichtung des Rheins vor.

### SCHWARZWALDBRÜCKE

Neueste und meistbefahrenste Rheinbrücke von Basel. Über sie führt die A2 nach/von Deutschland und Frankreich. Daran angrenzend liegt die Eisenbahnbrücke, welche den Badischen Bahnhof und den Bahnhof SBB verbindet.

### WETTSTEINBRÜCKE

Zweitälteste Brücke von Basel.

### MITTLERE RHEINBRÜCKE

Älteste Brücke von Basel. Ursprünglich in Holz gebaut, wurde sie lediglich als Rheinbrücke bezeichnet. 1905 wurde diese durch eine reine Steinkonstruktion ersetzt. Damals entschied man sich, sie in «Mittlere Brücke» umzubenennen. Der Name war naheliegend, da sich die Brücke bei Wiedereröffnung zwischen Wettstein- und Johanniterbrücke befand.

### JOHANNITERBRÜCKE
Drittälteste Brücke von Basel.

### DREIROSENBRÜCKE
Zweitjüngste Brücke von Basel. Sie liegt am weitesten flussabwärts und ist somit die letzte Schweizer Rheinbrücke.

### DREILÄNDERBRÜCKE
Nicht mit zur Schweiz zählt die Dreiländerbrücke (auch Europabrücke genannt), welche unmittelbar für Rad- und Fussgänger benutzt wird. Sie verbindet die deutsche Stadt Weil am Rhein mit dem französischen Huningue im Elsass.

Als weitere Rheinüberquerung könnte man das Kraftwerk in Birsfelden zählen, welches die Basler und die Birsfelder Rheinseite miteinander verbindet. Allerdings handelt es sich hierbei nicht um eine Brücke im eigentlichen Sinn.

## PARKS

### KANNENFELDPARK
Grösste Parkanlage von Basel.

### SCHÜTZENMATTPARK
(SCHÜTZENMATTE)
Tagsüber schöner und familienfreundlicher Park mit Spielplatz und Café. Leider ist der Park auch bekannt dafür, dass sich nachts immer wieder zwielichtige Gestalten darin herumtreiben.

### TIERPARK LANGE ERLEN
(D'LANGE ERLE)
Beliebter Park für Familien und Sportler an der Grenze zu Deutschland.

### ELISABETHENANLAGE
Beliebter Park in der Nähe vom Bahnhof SBB.

## Checkliste

☐ Du musst alle vorgestellten Orte kennen und mindestens einmal vor Ort gewesen sein.

☐ Du musst, wenn vorhanden, die umgangssprachliche Ausdruckweise verwenden.

# FAKTEN UND ZAHLEN

Ein richtiger Bebbi kennt die wichtigsten Fakten und Zahlen von Basel. Dabei gilt zu beachten, dass sich die Zahlen entweder auf die Stadt Basel oder auf den Kanton Basel-Stadt beziehen. Denn der Kanton Basel-Stadt ist in die drei Gemeinden Basel (Stadt), Riehen und Bettingen unterteilt. Somit ist die Stadt Bestandteil des Kantons und bildet den Hauptort des Kantons.

## BASILEA
Der lateinische Name der Stadt Basel

## 120 V. CHR.
Erste keltische Siedlung am linken Rheinufer beim Voltaplatz

### 374
Erstmalige Erwähnung des Namens Basilia (Basel).

### 1356
Das stärkste Erdbeben in der Geschichte Basels, welches viele Gebäude in der Region zerstörte. Auf der Richterskala entsprach dies der Stufe 6 bis 7 (stark).

### 1501
Basel wird in die Eidgenossenschaft aufgenommen.

### 1833
Aufteilung in die beiden Halbkantone Basel-Stadt und Basel-Landschaft

### 1986
Ein Grossbrand tobte im Industriegebiet Schweizerhalle und die Alarmsirenen rissen in der Nacht vom 1. November die Bewohner aus dem Schlaf. Knapp ein halbes Jahr nach der Reaktorkatastrophe in Tschernobyl war die Angst gross. Die Bevölkerung konnte kurz darauf aufatmen. Die Fische jedoch nicht. Löschwasser, welches mit chemischen Substanzen belastet war, floss in den Rhein und sorgte für ein Fischsterben, das bis weit nach Deutschland reichte.

## DEUTSCHE
Grösste ausländische Bevölkerungsgruppe im Kanton Basel-Stadt

### 200 000
Anzahl der Einwohner des
Kantons Basel-Stadt inkl. den
Gemeinden Riehen und Bettingen
(2019).

### 19
Anzahl der verschiedenen Wohn-
viertel der Stadt Basel.

### GUNDELDINGEN
Das Quartier mit den meisten
Einwohnern.

### 36%
Ausländeranteil im Kanton
Basel-Stadt.

### 522 M Ü.M.
Höchster Punkt des
Kantons Basel-Stadt (Kirche
St. Chrischona in Bettingen)

## Checkliste

- [ ] Du weisst, wie viele Einwohner in Basel leben.

- [ ] Du kennst die wichtigsten Eckdaten der Basler Geschichte.

- [ ] Du weisst, wann die beiden Halbkantone Basel-Landschaft und Basel-Stadt entstanden sind.

# 20 GEBÄUDE VON BASEL

Neben den historischen Bauwerken, die zahlreich in Basel vertreten sind, gibt es einige modernere Gebäude, die man als Bebbi gesehen haben sollte. Meist handelt es sich dabei um Hauptsitze von bekannten Firmen, die ihre Gebäude von renommierten Architekten entwerfen liessen. Ein Trend hierbei ist, dass dass Basel in die Höhe wächst. Je neuer das Gebäude, umso höher fällt dieses aus. Über die Schönheit dieser Bauten lässt sich aber streiten. Klar ist jedoch, dass die Charakteristik der Stadt durch die neuen Gebäude stark verändert wird. Und ein richtiger Bebbi steht einer Veränderung seiner geliebten Stadt stets kritisch gegenüber.

### ROCHE-TURM BAU 1

Bis zur Fertigstellung von Bau 2 ist er das höchste Gebäude der Schweiz und bildet den Hauptsitz des Pharmakonzerns Hoffmann-La Roche. Die Architektur stammt vom Duo Herzog & de Meuron.

### MESSEBAU

2013 wurde der neue Messebau eröffnet. Besonders markant ist die kreisrunde Öffnung über dem Messeplatz, welche vom Architektenduo Herzog & de Meuron als «Fenster zum Himmel» betitelt wurde.

### MUSEUM TINGUELY

Das Museum Tinguely beinhaltet nicht nur Kunst, sondern ist selber auch ein Kunstwerk. Das Konzept stammt vom Tessiner Architekten Mario Botta.

### BIZ-TURM

Das Hochhaus am Centralbahnplatz bildet den Hauptsitz der Bank für Internationalen Zahlungsausgleich (BIZ).

## BIZ – BOTTAGEBÄUDE

Am Aeschenplatz befindet sich das auffällige Gebäude des Architekten Mario Botta. In dem Gebäude befinden sich weitere Büroräumlichkeiten der BIZ.

## MERET-OPPENHEIM-HOCHHAUS

2019 fertiggestellt, befindet sich direkt neben dem Bahnhof SBB im Gundeldingerquartier das Meret-Oppenheim-Hochhaus. Das Gebäude beinhaltet Büro- und Wohnflächen. Auch hier stammt die Architektur von Herzog & de Meuron.

## BALOISE-HOCHAUS/ BALOISE-PARK

Die Basler Architekten Miller & Maranta konzipierten das Hochhaus des Baloise Park. Darin enthalten sind Büros der Baloise Group sowie das Hotel Mövenpick.

## FERNSEHTURM ST. CHRISCHONA

Der Fernsehturm St. Chrischona ist mit 250 m Höhe das höchste frei stehende Gebäude der Schweiz. Die Aussicht bei klarer Sicht ist atemberaubend. Dies sollte man unbedingt gesehen haben.

## NOVARTIS CAMPUS

Auf dem Novartis Campus befindet sich der Hauptsitz der Novartis AG. Auf dem Gelände befinden sich diverse Bauten von namhaften Architekten. Frank Gehry, Renzo Piano, David Chipperfield, Tadao Ando sind nur eine kleine Auswahl der bekannten Namen. Mit einer Führung können diese Gebäude von Nahem bestaunt werden.

## MESSETURM

Bis zum Bau des Roche-Hochhauses war der Messeturm das höchste bewohnbare Gebäude in Basel. Eine schöne Aussicht geniesst man von der Bar in der obersten Etage des Turmes.

## ACTELION

Etwas ausserhalb von Basel, in der Gemeinde Allschwil, liegt der Hauptsitz des Biopharma-Unternehmens Actelion. Das auffällige Gebäude stammt von den Architekten Herzog & de Meuron.

## Checkliste

- [ ] Du musst alle Gebäude kennen und der jeweiligen Firma zuordnen können.

- [ ] Den Fernsehturm St. Chrischona musst du mindestens einmal besucht haben.

- [ ] Als richtiger Bebbi stehst du den Veränderungen des Stadtbildes kritisch gegenüber.

# 21 BASLER DRÄMMLI

Trams, oder Drämmli, wie sie der Basler liebevoll nennt, wurden ursprünglich als Verbindungsstück zwischen Centralbahnhof und Badischem Bahnhof ins Leben gerufen. 1895 rollten die ersten Trams durch Basel und verbanden die beiden Bahnhöfe miteinander.

Heute sind sie als Haupttransportmittel des öffentlichen Verkehrs nicht mehr wegzudenken. Das von Weitem bereits hörbare Quietschen der Gleise und das unverkennbare Klingeln der Trams, wenn diese losfahren, vermittelt jedem Bebbi ein Gefühl von Heimat. Das Drämmli ist und bleibt eine Herzensangelegenheit. Die Drämmli der heutigen Basler Verkehrsvertriebe (BVB) sind alle in Grün gehalten. Die gelben Trams, welche ebenfalls durch die Innenstadt fahren, stammen aus dem Nachbarkanton von der Baselland Transport AG (BLT). Zählt man die Nummern aller aktiven Tramlinien bis zur Nummer 21 durch, dann fällt einem auf, dass es einige Lücken gibt. Die grünen Linien 1, 2, 3, 6, 8, 14, 15, 16, 21 und die gelbe

> **«Eine Linie mit der Unglückszahl 13 gab es aber tatsächlich nie.»**

Linien 10, 11, 17 sind täglich im Betrieb. Um zu erklären, wieso es die restlichen Linien nicht mehr gibt, müsste man im Prinzip ein separates Buch veröffentlichen. Zahlreiche Gründe führten dazu, dass diese Linien aus dem Verkehr gezogen wurden. Unter anderem deshalb, weil die Strecken teilweise parallel zu bestehenden Linien fuhren. Eines ist jedoch sicher: Eine Linie mit der Unglückszahl 13 gab es aber tatsächlich nie.

Einen besonderen Status geniesst aber die Linie 19. Viele Basler würden jetzt behaupten, dass es diese Linie nicht gibt. Ein wahrer Bebbi weiss jedoch, dass diese Linie seit 1880 in Betrieb

## Checkliste

☐ Du musst vom Drämmli und nicht vom Tram sprechen.

☐ Du musst mindestens einmal mit der «Dante Schuggi» gefahren sein.

☐ Du musst die Tramlinie 19 kennen. Und wissen, dass sie eigentlich die älteste ist.

ist. Allerdings ist dieses Drämmli nicht grün, sondern weiss-rot bemalt. Es handelt sich hierbei um die Waldenburgerbahn (WB) im Kanton Basel-Landschaft, welche die Gemeinde Waldenburg und die Kantonshauptstadt Liestal miteinander verbindet. Somit ist nicht die Tramlinie 1 (1895) die älteste aller Tramlinien, sondern die Tramlinie 19. Etwas, das jeder Bebbi wissen sollte.

### «DANTE SCHUGGI»

Das aber nach wie vor beliebteste Basler Tram benötigt gar keine Nummer: Die «Dante Schuggi».

Diese alte Dame wurde bereits vor dem Ersten Weltkrieg gebaut und ist bis heute im Einsatz. Bei diesem Oldtimertram handelt es sich um einen mietbaren Restaurantwagen, in welchem bis zu dreissig Personen Platz finden. Mit einem Anhänger können es sogar noch mehr Personen werden.

Darum gilt auch der Ausdruck: «Mit dr Dante Schuggi mues jede Bebbi mol gfaare sii.» (Mit «dr Dante Schuggi» muss jeder einmal gefahren sein.)

# MESSESTADT BASEL

**22**

Basel geniesst international den Ruf als grossartige Messestadt. Historisch betrachtet ist dies auf jeden Fall richtig, auch wenn die Messen in den letzten Jahren ein wenig an Glanz eingebüsst haben.

### BASELWORLD

Die jährlich durchgeführte Messe der Uhren- und Schmuckindustrie lädt alle namhaften Hersteller und Produzenten nach Basel ein. In den letzten Jahren musste die Messe aber einen Ausstellerrückgang hinnehmen, wodurch die Baselworld in der Branche etwas an Bedeutung verloren hat. Die Messe ist aber jederzeit einen Besuch wert und beeindruckt mit tollen Ständen.

## ART BASEL

Die Art Basel zeigt Kunst des 20. und 21. Jahrhunderts und gilt weltweit als wichtigste Messe des internationalen Kunstmarktes. Künstler, Kunstsammler und viel Prominenz aus der Kulturszene treffen sich in diesen Tagen in Basel. Die gesamte Stadt wird in dieser Zeit zu einem einzigartigen Kulturhotspot und alle Kunstinteressierten kommen auf ihre Kosten. Zudem werden während der Art immer wieder internationale Superstars gesichtet, die Basel während dieser Zeit einen Besuch abstatten.

## MUBA BASEL

Die Mustermesse Basel (Muba) war die erste und somit älteste Publikumsmesse der Schweiz. Ab ihrer ersten Durchführung im Jahr 1917 waren Aussteller aus allen Wirtschaftsbereichen der Schweiz vertreten, die ihre Waren den Besuchern anboten. Sie galt als die «Mutter aller Messen» und bildete die Grundlage zahlreicher, weiterer Messen in der Schweiz. Mit der 103. Ausgabe im Jahr 2019 fand sie zum letzten Mal statt. Interessen und Einkaufsverhalten der Bevölkerung haben sich so stark verändert, dass die Messe nicht mehr fortgeführt wird.

## SWISSBAU

Die Swissbau gehört zu den grössten Bau- und Immobilienmessen Europas. Sie findet alle zwei Jahre statt und lockt zahlreiche Aussteller und Besucher aus der Branche nach Basel.

## BASLER HERBSTWARENMESSE

Das gleiche Schicksal wie die Muba ereilte auch die Basler Herbstwarenmesse. Im Herbst 2018 wurde entschieden, dass die Herbstwarenmesse nach 91 Jahren nicht weitergeführt wird. Damit stirbt ein weiteres Stück Basler Messetradition aus, der ein richtiger Bebbi natürlich nachweint.

## Checkliste

- ☐ Du musst einmal die Art Basel besuchen.

- ☐ Du musst einmal die Baselworld besuchen.

- ☐ Du musst die Muba und die Basler Herbstwarenmesse kennen, obwohl es diese nicht mehr gibt (und wenn über die beiden gesprochen wird, musst du deutlich machen, dass du den Messen nachtrauerst).

# TRADITIONS-HÄUSER

Die Zahl der Basler Traditions-lokale ist lang. Die Wichtigsten und Bekanntesten muss aber jeder Bebbi kennen.

### GIFTHÜTTLI

Ein Basler Traditionslokal, dessen Name daher stammt, weil der Wirt im 19. Jahrhundert Bier im Restaurant ausgeschenkt hatte. Denn für Basler war damals Bier, welches nicht direkt beim Bier-brauer getrunken wurde, das reinste Gift.

### ZUM BRAUNEN MUTZ

Der Braune Mutz liegt am Barfüs-serplatz. In dem rustikalen Lokal mit Bierhalle, Bar und Restaurant trifft man auf Urbasler aller Altersklassen.

### BRASSERIE CAFÉ SPITZ

Auf Kleinbasler Seite direkt am Rhein lädt das Traditionsrestaurant seine Gäste zu feinem Essen und Trinken ein. Besonders empfehlenswert ist die schöne Sonnenterrasse mit Blick auf den Rhein.

### CONFISERIE ZUM RATHAUS SCHIESSER

Die Traditionsconfiserie liegt direkt beim Basler Marktplatz, mitten im Herzen der Stadt Basel. Im ersten Stock können die Gäste in «Tea-Room» und «Rothstübli» süsse und salzige Köstlichkeiten geniessen.

### GRAND CAFÉ HUGUENIN

Ohne das Grand Café Huguenin wäre der Barfüsserplatz unvollständig. In dem Traditionslokal muss jeder Bebbi einmal etwas gegessen oder getrunken haben. Im Erdgeschoss befindet sich eine moderne Café-Bar und in der oberen Etage trifft der Besucher auf ein elegantes Wiener Kaffee.

### ATLANTIS

Das Atlantis hatte seinen ursprünglichen Standort in der Steinentorstrasse und war in den 50er-Jahren dafür bekannt, dass es mit zahlreichen Terrarien ausgestattet war. Riesige Schlangen, die sich teilweise sogar in den Tischen unter Glasscheiben befanden, waren den Gästen stets sehr nahe. Schon kurze Zeit später etablierte sich das Atlantis als beliebtes Jazzlokal. In den 60er-Jahren fand das Lokal am Klosterberg seinen heutigen Standort und entwickelte sich später zum Rocklokal weiter. Heute wird es primär als Restaurant und Bar genutzt. Bis heute treten viele Musiker auf. Aber auch das Restaurant und die Bar erfreuen sich weiterhin grosser Beliebtheit.

### GRAND HOTEL LES TROIS ROIS

Das traditionelle Luxushotel liegt am Ufer des Rheins in unmittelbarer Nähe der Mittleren Brücke. Der Ursprung des Namens ist nicht eindeutig überliefert. Der heutige Bau wurde im 19. Jahrhundert erschaffen. Den damaligen, prunkvollen Flair versprüht das Hotel bis heute. Die beiden Restaurants, Brasserie und Cheval Blanc, sind auch jederzeit einen Besuch wert, falls es das Portemonnaie zulässt. An der Fassade des Hotels befinden sich drei Königsstatuen. Diese werden jeweils vor der Fasnacht als Waggis eingekleidet. Diese Tradition lockt jährlich viele Besucher an, die beim Einkleiden zuschauen möchten.

## Checkliste

- ☐ Du musst alle vorgestellten Traditionshäuser kennen.

- ☐ Du musst in jedem der Häuser schon einmal etwas getrunken oder gegessen haben.

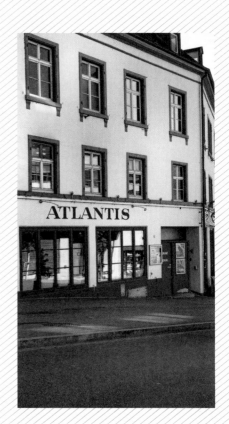

# DIES UND DAS

Neben historischen Eigenheiten gibt es in Basel noch weitere Aspekte, die ein richtiger Bebbi unbedingt wissen sollte, die sich jedoch nur schwer einem bestimmten Themengebiet zuordnen lassen.

## BASLER «DAIG»

Als Basler «Daig» (Basler Teig) wird die Stadtbasler Oberschicht bezeichnet. Es handelt sich um eine gesellschaftliche Gruppe, die sich stark von der restlichen Bevölkerung abgrenzt. Sowohl gegenüber dem Mittelstand und der Unterschicht, als auch gegenüber Neureichen. Die Wirkungsmacht des «Daig» ist heute aber nicht mehr so ausgeprägt. Am häufigsten vertretene Namen sind beispielsweise Burckhardt und Vischer. Sofort erkennbar werden Personen aus dem «Daig», wenn sie beim Vorstellen zugleich die Schreibweise ihres Namens erklären. Wenn sich also jemand als Burckhardt, geschrieben mit CK DT, oder Vischer, geschrieben mit V, vorstellt, dann weisst du sofort, dass du jemanden vom «Daig» kennengelernt hast.

## BALOISE SESSION

Die Baloise Session ist ein jährlich stattfindendes Indoor-Musik-Festival, welches weltberühmte Stars nach Basel bringt. Meist sind die begehrten Tickets bereits kurz nach Ankündigung des Line-up ausverkauft.

## ZÜNFTE

Als Zunft bezeichnet man einen Zusammenschluss von Handwerkern und Geschäftsleuten, die das Ziel verfolgen, die gemeinsamen Interessen zu wahren. Im Mittelalter sollten Zünfte die berufliche Existenz sichern und sich gegen fremde Konkurrenz schützen. In Basel gibt es heute noch viele aktive Zünfte. Sie pflegen baslerische Traditionen und leisten ihren Beitrag zum Gedeihen der Attraktivität Basels. Bis heute ist es jedoch nur Männern erlaubt, einer Zunft beizutreten.

«Ein Bebbi würde es nur ungern zugeben, doch auch er schielt manchmal neidisch nach Zürich ...»

## Checkliste

☐ Du musst wissen, was der «Daig» ist.

☐ Du kennst die Bedeutung des «Basler Dybli».

☐ Du musst einen Fischergalgen von innen sehen.

☐ Du besuchst ein Konzert der Baloise Session.

☐ Du würdest niemals zugeben, dass in Basel etwas fehlen könnte.

## FISCHERGALGEN

Läuft man dem Rhein entlang, stösst man immer wieder auf die kleinen Fischerhäuschen, die auf Holzstelzen am Ufer stehen. Dabei handelt es sich um Fischergalgen, von welchen die Fischer früher ihre Netze ausgeworfen haben. Heute ist das eher seltener der Fall. Zeitweise wurde der Fischergalgen im St.-Alban-Quartier sogar als Übernachtungsmöglichkeit genutzt. Aus dem Stadtbild Basels sind sie jedoch nicht wegzudenken.

## «BASLER DYBLI»

Das «Basler Dybli» (Basler Taube) ist die erste und einzige Briefmarke, die der Kanton Basel-Stadt im Jahr 1845 herausgegeben hat. Dabei handelte es sich um die erste mehrfarbig gedruckte Briefmarke der Welt. Unter Briefmarkensammlern gehört sie zu den begehrtesten und wertvollsten Briefmarken der Schweiz.

## FEHLT DEN BASLERN ETWAS?

Ein Bebbi würde es nur ungern zugeben, doch auch er schielt manchmal neidisch nach Zürich, wenn er sieht, was dort für ein toller See vorhanden ist. Der Rhein ist zwar ein wunderschöner Fluss, der sich im Sommer ausgezeichnet zur Abkühlung eignet. Doch gegen einen See hätte in Basel wahrscheinlich niemand etwas einzuwenden.

# FÜHL DICH WOHL

**25**

Der 25. und letzte Punkt unterscheidet sich von allen bisherigen Schritten, denn man kann ihn nicht einfach erledigen. Dennoch handelt es sich um den wichtigsten Punkt. Egal, ob du mit Blaggedde an der Fasnacht warst oder an einem Fussballspiel mit dem FCB mitgefiebert hast. Egal, ob du die baslerischen Ausdrücke

verinnerlicht hast und mit deinem eigenen Wickelfisch den Rhein hinuntergeschwommen bist. Egal, ob du dem Fährimaa etwas erzählt hast oder Mässmögge an der Fasnacht gegessen hast. Über allem steht eines:

### FÜHL DICH IN BASEL ZU HAUSE

Und selbst wenn du dich jetzt noch nicht in Basel daheim fühlst, so sei unbesorgt, denn das wird kommen. Vielleicht denkst du in ein paar Jahren, wenn du an einem schönen Sommerabend am Rhein sitzt und einfach froh bist, hier zu sein, an dieses Buch zurück, und dir wird klar, dass du jetzt hier zu Hause bist.

«Fühl dich in Basel wohl und schätze es, dass du in dieser wunderbaren Stadt zu Hause bist.»

# Checklist

- [ ] Basel ticks differently
- [ ] Speaking Baseldytsch
- [ ] Basel Carnival
- [ ] FC Basel 1893
- [ ] Swimming in the Rhine
- [ ] Places of Interest
- [ ] The Ferries
- [ ] Basel's Culinary Delights
- [ ] Basel Autumn Fair
- [ ] 1 August in Basel
- [ ] Barbecuing at the Birsköpfli
- [ ] Coat of Arms and Heraldic Animal

- [ ] Fühl dich wohl
- [ ] Dies und Das
- [ ] Traditionshäuser
- [ ] Messestadt Basel
- [ ] Basler Drämmli
- [ ] Gebäude von Basel
- [ ] Fakten und Zahlen
- [ ] Plätze, Strassen, Brücken und Parks
- [ ] Vogel Gryff
- [ ] Lällekönig
- [ ] Kunst in Basel
- [ ] Weihnachtsmarkt

# Checkliste

- ☐ Basel tickt anders
- ☐ Baseldytsch sprechen
- ☐ Basler Fasnacht
- ☐ FC Basel 1893
- ☐ Rheinschwimmen
- ☐ Sehenswürdigkeiten
- ☐ Die Fähren
- ☐ Kulinarisches aus Basel
- ☐ Basler Herbstmesse
- ☐ 1. August in Basel
- ☐ Grillieren am Birsköpfli
- ☐ Wappen und Wappentier
- ☐ Berühmte Persönlichkeiten

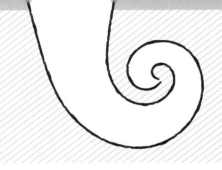

- ☐ Feel at Ease
- ☐ This and That
- ☐ Houses of Tradition
- ☐ Basel City of Trade Fairs
- ☐ Basel Trams
- ☐ Buildings of Basel
- ☐ Facts and Figures
- ☐ Squares, Streets, Bridges and Parks
- ☐ Vogel Gryff Day
- ☐ Lällekönig
- ☐ Art in Basel
- ☐ Christmas Market
- ☐ Famous Personalities